读懂

中国通史

启文 主编

中国国际广播出版社

图书在版编目（CIP）数据

读懂中国通史 / 启文主编 . -- 北京 : 中国国际广
播出版社 , 2022.1
　　ISBN 978-7-5078-5068-0

　　Ⅰ . ①读… Ⅱ . ①启… Ⅲ . ①中国历史－青少年读物
Ⅳ . ① K209

中国版本图书馆 CIP 数据核字 (2021) 第 244579 号

主　　编　启　文
责任编辑　张娟平
校　　对　张　娜
设　　计　青蓝工作室

出版发行　中国国际广播出版社有限公司 ［010-89508207（传真）］
社　　址　北京市丰台区榴乡路 88 号石榴中心 2 号楼 1701
　　　　　邮编：100079
印　　刷　金世嘉元（唐山）印务有限公司

开　　本　720 毫米 ×1020 毫米　1/16
字　　数　215 千字
印　　张　16
版　　次　2022 年 1 月　北京第一版
印　　次　2022 年 1 月　第一次印刷
定　　价　69.80 元

前言

　　从远古的传说，到三皇五帝的兢兢业业；从春秋、战国的纷乱，到秦帝国的统一；从刘邦醉酒斩白蛇起义建立大汉王朝，到王莽篡权、光武中兴，直至天下三分，再至魏、晋、隋、唐、宋、元、明、清。

　　数千年的风云，数千年的变幻，数千年的文化。一个个熟悉的名字、一段段精彩的故事，交汇出文人的忧思难忘、君王的励志兴邦、百姓的盛衰悲歌。

　　每个时代有每个时代的不屈，每个时代有每个时代的变革。他们在战场上力挽狂澜，在朝堂上抛洒热血，在生活中发明创造。

　　每个时代有每个时代的先锋，每个时代有每个时代的脊梁，正是他们的精神，铸就了中华民族的凝聚力。

　　"兴亡谁人定，盛衰岂无凭。"从周平王东迁到三家分晋，从李闯王入城到清帝退位，九州大地上的兴衰交替，映照出多少时代的风景。

　　历史的朔风吹起秦宫汉瓦的惆怅，卷落三国的滚滚烽烟，拉开魏晋的序幕，定格盛唐的豪迈、富宋的闲逸、大明的雄起和晚清的浮沉。

　　这也正是为什么在当今高速发展的科技时代，我们还要回过头去读历史。历史那波澜壮阔的大背景下，藏了无数人的悲欢离合。美人迟暮，英雄末路，流不尽的英雄血，唱不完的别离歌。喜与悲、是与非，都化成了滚滚长江东逝水。

读中国历史，是共经盛世兴衰的波澜，体味人生的豪迈与遗憾。更为重要的是，深入了解中华民族的发展兴衰，对于青少年建立正确的世界观、人生观、价值观，增强民族自信心和自豪感有着积极的作用。

因此，我们为青少年编著了这本《读懂中国通史》。以正史为蓝本，汇集多年来历史学家的研究成果，去芜存精、删繁就简，用通俗易懂的语言进行阐释，为你梳理几千年中华历史的脉络。由于篇幅所限，也难免会有疏漏，只愿读者能身处历史的长卷中，体味人生百味。

目录

上古卷

神话、传说交织的时代

～ 盘古开天辟地 ～

天地还没有形成时，整个宇宙是一团混沌的气，既不分上下左右，也不分东南西北，就像是一个浑圆的大鸡蛋。这个大鸡蛋里只有无穷无尽的黑暗，而这团混沌中孕育出了一个神——盘古。

盘古孕育了一万八千年，终于长大。他睁开眼，发现自己蜷缩在一片混沌的黑暗里，什么也看不见，心里憋屈得厉害。他拿起与他一同孕育出的巨斧，一下子将这混沌劈成了两半，混沌中轻而清的部分（阳）便冉冉上升，变成了天；重而浊的部分（阴）则渐渐沉降，变成了地。

为了不让天地再混到一起，盘古用双手托着天，双脚踏着地，于是天每天加高一丈，地每天增厚一丈，而盘古的身体也每天长高。就这样又过了一万八千年，天变得很高很高，地变得很厚很厚，盘古也已经疲惫不堪，于是头朝东、脚朝西地躺在地上睡着了，再也没有醒来。

盘古死后，他的头和手脚变成了高山；左眼变成了太阳；右眼变成了月亮；他的头发和眉毛变成了天上的星星；他呼出来的气变成了风和云雾；他的声音变成了雷霆闪电；他的肌肉变成了土壤，筋脉变成了道路；他的骨头、牙齿变成了埋藏在地下的金银铜铁、玉石宝藏；他的血液变成了地上滚滚的江河；他的汗水变成了雨露；他的毛发变成了花草树木；

他的精魂变成了地上的鸟兽鱼虫。

世界由此变得丰富多彩，盘古成了创世的神。

❧ 女娲造人 ❧

不知过了多少年，天地间出现了一位神通广大的女神，名叫女娲。据说她是由盘古的心化生而成的。这一天，女娲像平时一样在天地间散步，却总觉得少了些什么。女娲来到溪边喝水，当看到水中自己的倒影时，她才恍然大悟："对啊，应该有许多跟我一样的生命才对！"于是，女娲抓起一团黄土，掺了些溪水，照着自己的模样捏出一个可爱漂亮的小东西。

小东西一落地就活蹦乱跳的，还能言善语，不停地叫女娲"妈妈"。女娲开心极了，把这个新创造的生命称为"人"。

女娲非常满意自己的作品，决定造出更多的人，让世间充满欢乐。于是，她继续用溪水和着黄泥，不分昼夜地捏啊捏啊，捏出许许多多的小人儿。小人儿们欢喜地喊女娲"妈妈"，向她鞠躬行礼，欢快地到处走啊，跑啊，去感受新鲜的环境和事物。

大地实在太辽阔了，那些人很快就跑远不见了踪迹。原本还被很多小人儿簇拥的女娲此时又孤孤单单的了，这让她不禁有些犯愁：怎样才能让大地上到处都是人呢？突然，她灵机一动，采来很多野草，将它们搓成草绳，再用黄土和溪水制成泥浆，把草绳蘸满泥浆，用力向大地甩，泥点落在大地上，立即变成一个个小人儿！女娲不停地甩啊甩啊，天地间到处都是活蹦乱跳的人了，她才停下来休息。

可是，人在世上生活一段时间后，会变老死去，遇到猛兽或天灾也会死，所以还是会越来越少。为了解决这个问题，女娲便把人分成男和女，让男人和女人相互结合，生儿育女，使人类一代代繁衍下去。

女娲补天

水神共工的面孔是人，身体似蛇，喜怒无常，野心勃勃，他总想成为天地间的主宰。当时，颛顼是天帝。共工暗中将对颛顼不满的天神们聚集起来，发动了战争。颛顼召集众神应战，双方打得难解难分。打斗当中，共工使出浑身力气向挡住自己路的不周山撞去。只听"轰隆隆"一阵巨响，不周山被他拦腰撞断了。

不周山本是西北方擎天的柱子，它一断裂，天就破了一个窟窿，西北的天空因为失去支撑而倾斜下来。日月星辰都脱离了原来的位置，纷纷坠落到人间，引起了森林大火；天河之水倾泻而下，大地转瞬之间变成了汪洋，野兽为了逃命开始狂奔乱窜，见人就咬……大地上呈现出地狱般的景象。

女娲看到大地上的惨状，感到无比痛心，决心将天补好，让人们重新过上幸福快乐的生活。

她找来世间罕见的五色土，将它们炼成五色石补好了天上的窟窿。掉在地上的日月星辰也被女娲重新放到了天上。又从大海里捉来一只巨大的神龟，把神龟的脚做成柱子，将倾斜的天空支撑起来。只不过因为神龟的腿还是短了一些，从那以后，日月星辰都朝西北方向移动。

女娲把大量的芦草烧成灰，堵住了地上肆虐的洪水，填平了地上纵横交错的沟壑。但是，由于东南方仍旧偏低，因此江河总是流向东南方。

女娲杀死了一条兴风作浪、吃人无数的黑龙，四处逃窜的毒蛇猛兽得知这个消息后非常害怕，赶紧躲进深山老林，再也不敢出来害人了。

从那以后，天地间有了日月星辰的运行，有了四季的轮转，有了昼夜的交替，有了江河水流的归顺。

∽ 钻木取火 ∼

很久以前，人们不知道有火，食物只吃生的，很容易生病。而每到深夜，大地上就会一片漆黑。视觉敏锐的野兽围着人类居住的地方不断地嚎叫，人们又冷又怕，只能哆哆嗦嗦地靠在一起。

有个天神想帮助人们，于是施展法术，降下一场很大的雷雨，雷电劈在干枯的树枝上，燃起熊熊大火。这时，一个聪明的年轻人发现，平时总围着他们嚎叫的野兽不见了，他小心翼翼地靠近火，感到身上暖洋洋的，就兴奋地喊："大家快来啊! 这个东西能给我们带来光和温暖!"紧接着又有人喊道："这个东西还能杀死野兽，你们快尝尝被它杀死的野兽，真好吃!"就这样，人们知道了火的用途。他们将火种保存在山洞里，派人轮流看守，添加树枝，不让它熄灭。

有一天，守护火种的人睡着了，火熄灭了，人们又陷入寒冷和黑暗之中。天神在那个聪明的年轻人梦中告诉他："遥远的西方有个燧明国，你可以去那里取来火种。"

年轻人醒后，立即动身前往燧明国。他翻过无数座高山，蹚过无数条大河，越过无数座森林，终于到达了燧明国。可是，燧明国却是个连太阳和月亮都照不到的地方，一片黑暗。

年轻人失望极了也累极了，他坐在一棵大树下休息。这棵树是"燧木"，几只大鸟飞到燧木上，用短而硬的嘴啄树上的虫子，啄一下一道亮光。年轻人恍然大悟，立刻折下几根燧木枝，用小树枝去钻大树枝。他钻啊钻啊，终于，树枝冒烟了，继而燃起了火！

从那以后，人们再也不用生活在寒冷和恐惧中了。大家推举这位勇敢、聪明的年轻人做了首领，称他为"燧人氏"，就是"取火者"的意思。

神农尝百草

居住在西方昆仑山的西王母不仅掌管着珍贵的长生不老药，还管理着各种毒虫异兽。有一天，由于她的手下失职，一大批毒虫和异兽逃出了昆仑山，于是瘟疫开始在人间蔓延。

天帝得知这个消息后，赶紧派遣神农氏去人间为人们解除病痛。神农氏的肚子是透明的，是个非常善良的天神。

要治病，就得有药。但是没人知道哪些是可以治病的药草，哪些是会害人的毒草。即便找到了药草，人们也不知道能治什么病。神农氏决心遍尝百草，确定每种草的药性。于是，他走遍高山、峡谷，采摘花

草放到嘴里尝，然后把吃后的反应记下来。他曾经在一天内中毒十三次。好在他的肚子是透明的，能让人看清中毒的部位，及时找到解救的方法。

他凭借自己对药性的了解，将不同的药草给不同症状的患者服用，治好了许多人。大家非常尊敬他，尊称他为"炎帝"。

有一次，神农氏发现一种生长在石缝中的藤状植物，开着可爱的小花，花萼还一张一合地动。他从没见过这种植物，便摘下花和茎吃到肚子里，想看看身体的反应。没想到，这种植物含有剧毒，瞬间，神农氏的肠子就一截截断开，他来不及给自己解毒，就这样死去了。人们非常伤心，后来，人们给这种植物起名叫"断肠草"。

黄帝的传说

轩辕接手有熊部落时，炎帝部落的势力已经衰落，各个部落间为了争夺粮食和财物，三天一小战，五天一大战。看到天下大乱，人民苦不堪言，轩辕开始征讨作乱的部落，屡战屡胜。那些战败的部落都归顺了他，年年向他纳贡，天下又恢复了平静。

轩辕受到各部落的推崇后，"前任首领"炎帝的部下并不甘心，他们想重新夺回权力。炎帝军与轩辕军在阪泉的郊野展开了激战，炎帝军大败，炎帝部落与轩辕部落合并，这就成为中华民族的开端。

蚩尤是九黎部落的首领，九黎部落向来能征善战，他还是不服轩辕，于是不停地兴兵作乱。最后，在涿鹿一战中，轩辕杀掉蚩尤，赢得了最终的胜利。这次战役后，各部落尊轩辕为部落联盟的首领。轩辕又选任了一批德才兼备的手下，他们常年奔走在外，为百姓排忧解难，人们都尊称轩辕为"黄帝"。

黄帝的妻子嫘祖是种桑养蚕的创始人，被人们奉为"先蚕圣母"。黄帝的孙子高阳继承了黄帝的首领之位，就是颛顼帝。颛顼帝带领百姓开垦了大片的土地，制定了历法，指导百姓按照季节和气候变化来发展农业生产。颛顼帝死后，高辛继任，这就是帝喾。帝喾以公平公正的态度治理天下，人民都很信服他。

❧ 仁德的尧 ❧

尧的名字叫放勋，曾经是陶唐氏的首领，因此也被称为唐尧。他是继黄帝之后最有威望的首领。

尧在位的时候，经常戴着一顶黄帽子、穿着黑色的粗布衣服巡游四方，即使在寒冷的冬天，他也只是披一张鹿皮来御寒。他曾说："天下哪怕还有一个人挨饿受冻，那也是我的失职啊！"听到这话，百姓无不感动得落泪。

由于用人得当，措施得力，全国上下都呈现出生机勃勃的景象。尧从来不独断专行，为了能时刻听到来自百姓的声音，他在自己的茅草屋外设了一面鼓，谁要是有建议和意见，随时可以敲鼓，尧听到鼓声会马上接见敲鼓人。他还在交通要道上埋了一根木柱，派专人看守，民众有意见可以对看守人讲，如果来的人想当面对尧说，看守人也会引见。

在尧的领导下，百姓过着丰衣足食的生活。尧在我国的历史上第一次建立了较为系统的政治制度，为奴隶制国家的产生奠定了基础。

当尧开始选择继承人时，有人推荐尧的儿子丹朱，还有人推举舜。尧就把两个女儿——娥皇和女英许配给舜，通过两个女儿看他能否理好家政；又让自己的儿子去和舜做邻居，看舜能否处理好与他人的关系。舜将家治理得井然有序，尧的儿子们也一致称赞舜品德高尚。

尧派舜推行德教，臣民们都非常愿意听从他的教诲。尧让舜统领百官，百官都臣服于舜的指挥。尧又考验了舜与各部落首领相处的能力，发现远方来的宾客也很敬重他。

经过三年的考察，尧正式传位给舜，这就是被后人传为佳话的"尧舜禅让"。

传奇的舜

舜叫重华，在他很小的时候，母亲就去世了，父亲是个盲人。母亲去世后，父亲又娶了一个妻子，生了一个儿子叫象。象在父母的溺爱中长大，总是欺负舜，父亲也偏爱后妻和象，常常对舜非打即骂。心肠狠毒的继母更是处心积虑地想要害死舜。心地善良的舜没有记恨他们，继续心甘情愿地孝敬父母，照顾弟弟。

有一次，父亲骗舜说家里的粮仓需要修补，让他爬到粮仓顶上去。就在舜爬到粮仓顶的时候，父亲在下边点燃了粮仓，然后转身离开了。舜手持两个大斗笠从屋顶纵身而下，逃出了火海。

见诡计没有得逞，父亲又来找舜，说："儿子啊，家里的井坏了，需要重新挖一口。"舜一口答应下来。这次他留了一个心眼儿，挖到一定的深度后，就在井的侧壁上横着挖了一条暗道。果然，没多久，父亲和弟弟就开始往井里填土，直到把井填得严严实实才罢休。他们觉得舜这下死定了，于是跑到舜的家里瓜分财物。

象志得意满地抱起舜最喜欢的琴弹起来。没想到，满头泥土的舜回来了。象吃惊得张大嘴巴，结结巴巴地说："我……我还以为你遭遇不测了，正在伤心呢！"说完，就和父母灰溜溜地走了。

舜成了部落联盟的首领，每天想的就是怎么让百姓安居乐业。他和农夫一起下田耕种，抢着干重活，手把手地教农夫们耕田下种。在舜的努力下，百姓的生活更加宽裕了。他统一律法，命皋陶做掌管监狱的官，执掌各种刑罚。传说，我国的第一部法律《狱典》就是由皋陶制定的。

舜每五年巡游一次全国。一次去南方巡游的时候，舜不幸在苍梧（今湖南永州）去世，人们把他葬在了九嶷山。九嶷山如今盛产一种"斑竹"，这种竹子的外皮如同带着点点泪痕，传说就是娥皇和女英因为思念舜泪流不止形成的。

大禹治水

尧帝时期，大地上洪水泛滥，人们深受其害。于是尧帝召集大臣们，让他们推荐一个人去治理洪水。许多大臣都推荐鲧。

鲧用"堵"的方法治水九年，一点儿成效都没见到。舜继位后，看到这种劳而无功的情况，便将鲧治罪，诛杀在羽山（在今江苏东海附近）。舜命令禹接替他父亲继续治水，并派了益和后稷做他的助手。禹上任后，翻山越岭地勘测地形。

考察完地理情况后，禹采取了一种与父亲截然相反的治水方法，这就是"疏"。他带着百姓划分九州的土地，疏导河流，治理大湖，铺平了各地通往国都的道路。在禹的带领下，百姓有的把洪水引进大湖，有的把洪水引进沙漠，洪水渐渐退去。

禹把稻种分给百姓，让他们种田耕地，又建议以后天下的粮食统一调配，哪里粮食少，就从多的地方调一些过去。

在治理水患的十三年中，禹不知疲倦地劳作，几次路过家门口都没有进去。

他的治水精神得到了舜的肯定，舜选择禹作为自己的接班人。百姓们都尊敬地称他为"大禹"。

知识拓展

仓颉造字

仓颉是黄帝的史官，负责记录部落里大小事务。一开始，仓颉用祖传的结绳记事法，可时间一长事情一多，难免会有遗漏，这让他十分郁闷。

有一天，仓颉回家经过一个岔路口，听到一群人在争论。一个人说："我们应该往东走，东边有老虎。"另一个人说："我们应该往南走，南边有鹿群。"仓颉问他们："你们怎么知道哪边有什么野兽呢？"那群人回答说："每种野兽的脚印都是独一无二的，很好分辨！"仓颉看着地上的脚印。他想："既然世间万物都有自己独有的特征，为什么不将它们画出来？这样不就可以用来记事了吗？"仓颉立即捡起一根树枝，在地面上画起来。

从那以后，人们就有了文字，文明得以流传至今。

夏商卷

"家天下"的开始与奴隶制的兴盛

◆ 夏朝兴衰 ◆

大禹年纪大了，想把首领之位传给皋陶，但是皋陶不幸去世了，大禹又选了帮助自己治水的益作为继承人。益做了三年首领就把位置让给了禹的儿子启，自己隐居起来。

而启直接指定自己的儿子太康为继承人，同时把自己统治的地方称为"夏"，这就是我国历史上第一个朝代——夏朝。从此开始了"家天下"的时代。

太康登上大位后，只知道游玩打猎，对百姓的生活不闻不问，一个叫羿的人看不下去，驱逐了他。后来继位的是太康的弟弟仲康，仲康去世后，把王位传给了自己的儿子，这样过了很多代之后，夏朝的王位传到了孔甲的手里。此时的夏朝已经开始走向没落，诸侯纷纷背离。

孔甲做事很荒唐，喜欢稀奇古怪的东西。据说有一次，孔甲到野外游玩，看到了两条龙，他兴奋地派手下的人捉住龙，想养在宫中。但是宫中没有人会养龙，他就派出很多人到全国各地寻找会养龙的人。

这个人还真被他找到了，就是陶唐部落的刘累，传说他曾经跟着专门养龙的部落豢龙氏学过养龙。孔甲兴冲冲地把他请到宫中，赐他姓御龙氏，还赏赐了一块封地给他。可是刘累学艺不精，竟然把龙养死了！他不敢告诉孔甲，只悄悄地把龙肉做成肉酱送给孔甲吃。孔甲觉得这个味道很好，还想吃，就派人找刘累要。

刘累吓坏了，觉得就算龙被养死的事情不暴露，找不到龙肉来献给夏王的罪名也足够自己没命的。想到这里，他连夜逃跑了。

从荒唐的孔甲以后，夏朝就彻底走了下坡路。

无道夏桀

孔甲的曾孙就是残暴的夏桀，夏朝的第十六位君主，夏朝就葬送在他的手里。

夏桀觉得自己住的宫殿太简陋了，就下令在洛阳建造一座新宫殿，起名叫倾宫。修建倾宫动用了成千上万的奴隶，花了七年时间才修完，劳民伤财，百姓怨声载道，苦不堪言。

夏桀的后宫美女如云，他对宠妃妹喜更是言听计从。有一次，妹喜说想听布匹被撕裂的声音，夏桀马上发布公告向全国征集大量布匹堆在倾宫，派人不断撕裂布匹来博取妹喜的欢心。

夏桀只吃两北（今陕西渭河流域）出产的蔬菜，只吃东海捕捞的大鱼，只有南方产的姜和北方出产的海盐才有资格成为他的调料。官员们专门安排了成百上千的人替他种菜、捕鱼、运输和烹调。

给夏桀喝的酒必须十分清澈，稍有浑浊，他就会杀掉厨师，许多厨师因此断送了性命。夏桀喝醉以后，喜欢拿人当马骑，不管你是仆人还是身居要职的大官，必须马上俯身做"马"，否则就会挨一顿痛打，甚至会被砍头。

到了晚年，夏桀更加荒淫无道，他命人挖了一个大坑，称为"夜宫"，带着一群人在池中嬉戏，一个月没有上朝。一个叫关龙逢的臣子听到百姓多有怨言，便对夏桀进谏说："陛下奢侈无度，已经失去了民心，请您赶快改正过错吧，这样才能挽回人心。"夏桀怒骂关龙逄危言耸听，下令将他杀死。从此，忠臣都不敢再亲近夏桀，夏朝越来越腐败。

商部落的势力此时已非常强大，终于向夏发起了进攻。夏桀带兵赶到鸣条（在今山西运城境内），两军交战，夏军将士不愿为夏桀卖命，纷纷逃走。夏桀制止不住，只得仓皇逃入城内。商军紧追不放，夏桀带上妹喜和金银珠宝，匆忙渡江逃到南巢（今安徽巢湖）。商部落的首领成汤追上他，将他放逐到南巢的卧牛山。夏桀没过多久就饿死了，夏朝就此灭亡。

❧ 成汤网开一面 ❧

远古时候，帝喾有一个妃子叫简狄。有一天，她和两个人来到河边，看见一只玄鸟飞过，掉下了一颗蛋，简狄把这颗蛋捡起来吃了，结果竟怀孕了，生下了一个男孩，帝喾给这个男孩起名叫契。

契长大后跟着大禹治水，立下了汗马功劳，还为百姓做了很多好事。舜把契封到一个叫作商的地方，做殷部落的首领。契去世后，他的儿子接替了他，一代代传至成汤。

成汤是一个仁慈的人。有一天，成汤带领随从外出，看到一个猎人正在捕猎。猎人在东南西北四个方向都挂上捕捉猎物的大网，自己则跪在地上念念有词："四面八方的鸟兽都快快进入我的网里吧。"

成汤听闻，马上命人把挂好的网撤掉三面，只留一面。成汤和颜悦色地对猎人和随从说："我们对待鸟兽也要有慈爱之心，我们只捕捉那些不听天命的，怎么能把它们全杀了呢？"猎人和随从都心悦诚服地点头。这就是著名的"网开一面"的故事。人们纷纷称赞成汤的仁慈，许多有才干的人都来投奔他。

成汤所在的年代，正是夏桀荒淫无道的时候，当时有民谣这样唱："这个太阳什么时候灭亡，我宁愿跟你同归于尽！"看夏朝气数将尽，成汤起兵伐夏，受到压迫的民众纷纷加入成汤的军队，大军最终在鸣条取得了胜利。成汤登上大位，定国号为"商"。因为他们的部落名是"殷"，所以后人也把这个朝代称为"殷商"。

❧ 暴君商纣 ❧

商朝的最后一个帝王非常有名，他的名气完全来自他的荒淫残暴，他就是商纣王。

纣王自小聪颖，口才很好，力气也大得惊人，能够赤手空拳和野兽搏斗。他即位初期，也算是个有为的君主。可惜的是，纣王慢慢走向了另一个极端。他自恃才干过人，从不把别人放在眼里。他聪明善辩，那些一心劝谏他的大臣都被他驳得哑口无言。

为了满足自己的私欲，纣王不断增加赋税，搜刮奇珍异宝堆在自己的宫殿里。他还命人挖了一个池子，里面灌满酒；堆起几座沙丘，插上树枝，树枝上挂满肉，给这个地方起名叫"酒池肉林"。从此以后，他就天天和宠妃妲己在酒池肉林里寻欢作乐，不再过问国家大事。人民的生活困苦不堪。

大臣和诸侯都很不满，纣王就想出很多酷刑来对付那些对他不满的人，比如"炮烙"。这种刑罚是架起一根铜柱，在上面倒上油，铜柱下面燃起炭火，受刑的人要爬过又烫又滑的铜柱，坚持不住就会掉进火里烧死。

纣王非常喜欢那些给他出主意享乐的人，任由他们陷害忠良、抢夺财富。纣王的叔叔比干不停地劝谏，希望纣王可以改邪归正。纣王终于烦

透了比干的说教，大声咆哮道："听说人们都把你称作'圣人'，所以你才整天拿着一副圣人的面孔来对我指指点点! 据说圣人的心是'七窍玲珑心'，我倒要看看! 来人，把比干的心给我挖出来! "比干惨死，大臣们纷纷逃离国都。

在纣王失去民心的同时，西伯侯的实力却在不断壮大。当推翻纣王统治的时机成熟，西伯侯就联合一些诸侯起兵，一路攻到商都朝歌。纣王见大势已去，命人把皇宫里的珠宝全都搬到鹿台之上，又穿上最华丽的衣服躺在金银珠宝中自焚而死。

武王攻进王宫后，重新安葬了比干，对那些遭受迫害的大臣礼遇有加，惩处了妲己和其他奸臣，天下人都拍手称快。商朝就此灭亡，另一个朝代的传奇故事拉开了大幕。

知识拓展

最早的女将军妇好

武丁是商朝第二十二任君主。他在位时期，政治清明，百姓富庶，版图扩大了数倍。而为武丁开疆拓土的大将就是他的王后妇好。

妇好还谋划了一场中国最早有文字记载的"伏击战"，那是她与武丁一起征伐巴方时发生的。

妇好一生东征西讨，打败了二十多个方国，为商朝立下了赫赫战功。

西周卷

德治初兴

～ 先祖后稷 ～

很久以前，有一个美丽的姑娘叫姜嫄。有一天，她发现了一串巨大的脚印。姜嫄用自己的脚踩在大脚印上比较了一下，就觉得身体一阵发热。

回到家以后，姜嫄的肚子渐渐鼓起来，一年后生了一个儿子！人们认为这个孩子是个怪物，就把他夺来丢弃在路上，想让路过的牛羊踩死他。奇怪的是，路过的牛羊不但没有踩孩子，还喂给他奶吃。人们又把他丢弃到荒野的寒冰上。可是，天上飞来一群长着金黄色羽毛的大鸟，有的用翅膀托起孩子，有的把翅膀轻轻盖在孩子身上。一位老人惊呼："这个孩子一定是天神下凡！"于是，人们又把孩子抱回去还给了姜嫄。因为他一再被抛弃，就给他取名为"弃"。

当时，人们每吃完一个地方的食物，就要迁移到另一个地方，不能安居。聪明的弃发现，一些掉在地上的野果不久就会发出小小的嫩芽，他便收集了各类颗粒饱满的种子撒在土里，又从附近的小河运水来浇灌。很快，一片绿油油的小苗长出来了。弃高兴极了，他精心地照料着那些小苗，仔细地观察它们的生长状况，总结出很多经验。

秋天到了，弃种植的土地上长出了作物。人们震惊极了，更加认定弃是天神下凡，又因为他善于种植粮食，便尊他为"百谷之神"，称他为

"后稷"。从此,人类开创了农耕文明,定居下来。后稷就是周的先祖。

文王兴周与武王伐纣

周文王姬昌原本是周地的西伯侯,周武王建立周朝之后才追封他为周文王。文王励精图治,总是非常恭敬地聆听大臣的意见,周地越来越强盛。西伯侯去世后,他的儿子姬发继承了侯位,就是后来的周武王。

姬发重用父亲非常信任的太公望,就是我们常说的姜子牙,又任命同样贤德的弟弟周公旦为宰相,姬发立志要把国家治理得井井有条。

有一年,姬发前去祭祀父亲,然后带着父亲的牌位前往东部的盟津检阅军队。在那里,他宣称要遵从父亲的遗愿讨伐暴君商纣。军队服从命令,进退有序,于是,姬发率领军队横渡黄河。船走到河中间的时候,忽然有一条白鱼跳进了武王的船舱，武王很意外，于是低头把它捡起来祭祀上天。渡过黄河以后，忽然又有一团火从天上落下，掉在了武王居住的屋顶上。大家惊慌失措，议论纷纷。忽然，这团火变成了一只红色的乌鸦，"哇哇"叫着从他们头顶飞走了。

来到黄河岸边与武王会盟的诸侯有八百多个，有的是真心想要参战，有的只是来打探消息。看到这个情况，又考虑到商朝目前还有一定实力，武王就说道："船行到河中间，有一条白鱼跳进来，后来又有一只红色乌鸦飞走，我不知道上天的意愿到底是什么，我们还是从长计议吧。"

回国后，武王继续备战，并派人去打探纣王的反应。纣王似乎根本没把武王的军队放在眼里，他变得更加暴虐。终于，时机成熟，武王再次召集诸侯起兵讨伐纣王，打到了牧野。此时的纣王正怀抱着妲己在鹿台吃喝玩乐，听说武王在牧野列阵，才匆匆忙忙调集宫内的武士，并把大批的奴隶和俘虏编进了队伍。

战斗一触即发。此时，意想不到的一幕发生了，纣王的军队突然临阵倒戈，转而为周军开路，朝纣王冲去。纣王逃回鹿台，自焚身亡。

第二天，武王派人清扫道路，修复王宫和祭祀用的社庙。社庙修复后，武王就在这里完成了登基仪式，成为周朝的第一位统治者。

❧ 烽火戏诸侯 ❧

我们都知道撒谎会给自己带来麻烦，偏偏中国历史上就出了这么一个喜欢撒谎的统治者，他的谎言毁掉了祖先的基业，这个人就是周幽王。

幽王有个妃子叫褒姒，幽王十分宠爱她，不顾大臣们的反对，废掉了原来的申王后和太子宜臼，改立褒姒为王后，立她的儿子伯服为太子。

褒姒总是不快乐，幽王就千方百计地逗她笑。这天，幽王带着褒姒来到都城附近的烽火台上。不一会儿，烽火台一处接一处地燃起了烽火。这烽火是向诸侯告急的信号，看到烽火升起，各路诸侯连忙带兵奔到国都。可国都哪里有什么敌军呢，只有幽王带着褒姒在寻欢作乐。看到诸侯尴尬的表情，褒姒忍不住大笑，幽王十分开心。这样的事又上演几次后，诸侯再也不相信幽王的烽火了。

不久，犬戎来攻打国都，幽王赶紧命人点起烽火，可是已经没有人相信这烽火是在传递敌情了。犬戎迅速攻进王宫，在骊山杀死了幽王。

后来，诸侯拥立原来的太子宜臼为天子，这就是周平王。他把国都往东迁移，历史上把迁都后的周朝称为"东周"。而东周又分为春秋和战国两个时期。

知识拓展

姜太公与文王

太公望吕尚，本姓姜。传说，周文王曾梦见天帝穿着玄色衣衫站在令狐津，说："昌，赐给你吕尚。"后来文王与太公望一见如故，于是带太公望回去，委以重任。

太公望做灌坛县令，一年下来，风调雨顺。一天，文王梦见一个女人在路上啼哭，问她为什么哭。她说："我是泰山神的女儿，嫁给西海神做妻子。现在要出嫁了，但是因为灌坛令当政有德行，我不能从他的地方过去，因为我走过必有狂风暴雨，这样会损坏他的德政。"文王梦醒，这一天，果然有狂风暴雨从太公望的灌坛城外经过。文王于是拜太公望为大司马。

春秋卷

霸主们你方唱罢我登场

◦ 齐国的崛起 ◦

春秋时期，周王室日渐衰微，诸侯实力强大。鲁庄公八年（公元前686年），齐国的实力达到了一个高度，只要齐襄公能够会盟诸侯，就足以被称为一方霸主。然而，齐国爆发内乱，齐襄公死在了堂弟公孙无知手里，而公孙无知旋即又被雍林地方的人袭杀。

当时，国氏和高氏是齐国最大的两股贵族势力。高氏的高傒与公子小白关系密切，于是暗中联系在莒国的公子小白，让他尽快回国继位。得到密报的公子小白连夜向齐国进发。就在快到都城临淄时，公子小白被斜刺里杀出的一支兵马拦住了去路，为首的兵车内正站着辅佐公子纠的管仲。

原来，远在鲁国的公子纠得知消息也不算太晚。足智多谋的管仲当即判断出，公子小白必然已经动身，必须在路上拦住公子小白。

只见管仲冲着公子小白笑容可掬地问道："不知公子要去哪里啊？"公子小白未答言，鲍叔牙厉声叱道："我家主公的事，不劳你费心！"

谁知管仲依然满面笑容："既如此，管仲告退了。"说完掉转兵车像是要走，却突然扭回身来，弯弓搭箭冲公子小白射去。公子小白大叫一声，摔在地上，口吐鲜血。鲍叔牙等人顿时乱作一团。管仲哈哈大笑，带领兵马扬长而去。

谁知道这一箭其实是射在了公子小白的带钩上，公子小白急中生智，咬破舌头，造成中箭的假象，骗过了所有人。等管仲一走，他就连忙起身，同鲍叔牙抄小路赶回了临淄。当鲁国重兵护送公子纠回到齐国时，公子小白早已顺利即位，这就是著名的齐桓公。

公子纠回鲁国向鲁庄公求援，勃然大怒的鲁庄公当即决定发兵攻打齐国。齐桓公率兵与鲁军交战，结果鲁军大败。鲍叔牙带兵直逼鲁国曲阜，这让鲁庄公惊慌不已。

齐军传信说希望鲁国处死公子纠，将召忽和管仲押送回齐国。鲁庄公见大兵压境，便将公子纠杀死，召忽听说后，自杀成仁。而管仲则被鲁庄公抓起来，派人押送至齐国。

原来，鲍叔牙和管仲交情莫逆，知道他有经天纬地之才，能辅佐齐桓公成就霸业，于是建议齐桓公拜管仲为相。怕鲁庄公不放人，齐桓公便以报仇为借口要回了管仲。回国后，齐桓公亲临驿馆，恭恭敬敬地将管仲请到宫中问政，管仲决定为齐桓公效力，助齐桓公成就了霸业。

❧ 宋襄公称霸 ❧

宋国是商朝王室微子启及其后裔的封国，国力并不出众，但是国君宋襄公却胸怀大志。宋襄公见齐桓公成为诸侯霸主，便追随齐桓公，宋国的国力、地位、声誉都有了很大提升。

齐桓公去世后，齐国因为内乱而自顾不暇，齐国的公子昭逃到宋国来寻求庇护，宋襄公便像齐桓公当年所做的那样，请各诸侯国派军队护送公子昭回齐国。但是只有曹国、卫国、邾国三个小国带兵前来。宋襄公率领联军将公子昭送回齐国，拥立为君，史称齐孝公。

宋襄公认为，宋国称霸的时机已经到来。于是鲁僖公十九年（公元前 641 年），宋襄公在曹国南部举行会盟，召集曹、邾等国的国君前来赴会。鄫国的国君因事来迟，宋襄公便抓住鄫国国君，用他祭祀社神，以此立威。曹共公见宋襄公行事如此霸道，一怒之下不再理会宋国。

此时，强大的楚国隐隐有称霸之势，齐国也与楚国结成了同盟。宋襄公不辨形势，打算在秋天于盂地大会诸侯，还请求齐、楚两国支持自己称霸。楚国表面答应了宋襄公的请求，却在会盟时将宋襄公抓了起来。

不久以后，楚军挟持着宋襄公前来攻打宋国，到了宋国才发现守卫森严，宋襄公的长兄公子目夷已被推举为新国君。楚军便丢下宋襄公，撤军回去了。公子目夷派人将宋襄公迎回宋国，让他继续做国君。

宋襄公深恨楚国，便召集了卫、许、滕国的军队一起去讨伐郑国，以此向楚国示威。楚国国势正盛，岂容挑衅，便派出大军直接开进到了宋国。宋襄公整肃军队与楚国军队在泓水展开决战。

楚军正渡河时，大司马公孙固说："敌军太多，请趁他们渡河发动进攻。"宋襄公说："不可乘人之危。"楚军渡河后开始排列阵势，公孙固对宋襄公说："楚军还没布好阵势，赶快发起冲锋，可以取胜。"宋襄公还是不肯。楚国的军队排好阵势，发起了攻击，宋军哪里是强悍楚军的对手，迅速溃败，宋襄公也全身多处受伤。宋国元气大伤，称霸的最后一点儿资本也失去了。

霸主晋文公

晋文公，名重耳，他的父亲是晋献公。当年，晋献公宠爱骊姬，骊姬为了给自己的儿子铺路，陷害太子申生，之后又要除掉其他公子。重耳逃出晋国，开始了辗转的流亡生活。有些国家以礼相待，有些国家则看不起他，直到来到楚国，楚成王用对待诸侯的礼节招待他，于是重耳也按诸侯的礼节会见了楚成王。

有一天，在宴席上，楚成王对重耳说："您将来回到自己的国家后，打算用什么来报答我啊？"重耳说："如果有朝一日迫不得已与您兵戎相见，我会为王退避三舍（一舍为三十里）。"后来，晋文公登位，当晋国与楚国军队相遇时，果然下令全军后退九十里。

重耳在楚国住了几个月，这时候，在秦国做人质的晋太子圉逃出了秦国，秦穆公很恼怒，听说重耳在楚国，就要把重耳迎到秦国去。重耳接受了秦国的邀请。晋国的几个大臣听说重耳在秦国，便暗中来劝重耳回国，说有很多人愿意做内应。于是，秦穆公就派军队护送重耳回晋国。

此时在位的是晋怀公，也就是从秦国逃回来的太子圉，他听说秦军来了，连忙派出军队，可是百姓知道重耳将回国，个个翘首以盼。后来，重耳来到武宫朝拜祖庙，在这里即位做了晋国国君，这就是晋文公。晋国的大臣们都前往曲沃朝拜新君。晋怀公出逃被杀。

晋文公即位后，周襄王遇难逃到郑国，来向晋国求救。晋文公护送周襄王回到洛邑，平定了叛乱，征战无道之国，会盟各路诸侯，开始了霸主之路。

秦穆公霸西戎

秦国的西方生活着许多戎族部落，是秦国发展扩张之路上的心腹大患。戎王听说秦穆公是一个贤明英武的国君，也担心秦国逐渐强大起来对戎族不利，因此派出大臣由余出使秦国探查情况。

秦穆公在接见由余的时候，问起治国之道，由余慷慨陈词，言之有物。秦穆公听了默然不语，事后他向内史王廖请教："我听说邻国有圣人，这是敌国的忧患。如今由余如此贤能，是我的祸害，我该如何是好呢？"

内史王廖为秦穆公想出了一个办法，秦穆公依计而行。

秦穆公对由余十分尊重，向由余询问戎族的地形和军事实力，由余把戎族的情况详述给秦穆公。秦穆公很高兴，选了十六名歌伎送给戎王，戎王从此沉迷女乐不理政事，一年都不管游牧迁徙，导致牧草枯竭，牛马死了一半。

秦穆公见时机成熟，便放由余回国，由余见戎王耽于玩乐，急得多次进谏，可是戎王不听，反说由余泄露军机。秦穆公得知戎王与由余已生间隙，便数次派人秘密邀请由余来秦国，由余无奈，只好来到秦国。秦穆公极尽礼遇，并且就进攻戎族之事咨询由余。

戎王终日沉迷于逸乐，秦穆公没了心腹之患，便再次派遣孟明视等人率军进攻晋国，攻取了晋国的王官和鄗地。

大胜晋军之后，秦穆公又攻打了西方的戎族，增加了十二个属国，开辟了千里疆土，终于在西戎地区成了一代霸主。

鲁文公六年（公元前 621 年），秦穆公去世，秦国为秦穆公大办丧事，殉葬之人多达一百七十七人。由于秦穆公将优秀的人才用来殉葬，他的子孙也大都庸庸碌碌，秦国的蓬勃发展随着秦穆公的去世戛然而止。

∽ 一鸣惊人　问鼎中原 ∾

楚国楚庄王即位之初，连续三年不理政事，整日寻欢作乐，还下令：

"敢来劝谏者，死！"后来，有个叫伍举的大夫冒死前来劝谏。他问庄王：
"有一只鸟，三年不飞不叫，这是什么鸟？"楚庄王回答他："三年不飞，
飞将冲天；三年不鸣，鸣将惊人。"

但是，接下来的几个月，楚庄王依然如故。大夫苏从也忍不住前来
劝谏，没想到楚庄王马上着手整顿内政。他罢免了一批无能的营私之臣，
提拔了一批忠君爱民的官吏，伍举、苏从也在提拔之列。

原来，楚庄王之所以三年不问政事，沉湎酒色，是在辨明忠奸，为
"一飞冲天"做准备。楚庄王任用孙叔敖治理楚国。孙叔敖是个很有才干
和魄力的人，为楚国制定了健全的典章制度和法令法规。在他的治理下，
楚国人民生活安定，国势越来越强大。

鲁文公十六年（公元前 611 年），楚国遭遇罕见天灾，周边的蛮夷纷
纷前来寻衅。楚庄王集中兵力应对，平定周边。之后，楚庄王举兵北上，
"不鸣则已，一鸣惊人"的楚庄王很快便坐上了霸主的宝座。

五年后，楚国的国势已经十分强盛。楚庄王率军讨伐陆浑之戎，故
意把军队开到了周朝的都城洛邑。当时，周定王刚刚即位，看到来势汹
汹的楚军，连忙派大夫王孙满前去慰劳。

一见面，楚庄王就询问九鼎的轻重大小。面对楚庄王昭然若揭的野
心和威胁，王孙满丝毫不畏惧，他训斥道："你已经忘记了九鼎的来历吗？
夏朝繁盛的时候，远方的诸侯前来臣服，九鼎就是用他们贡献的铜铸成
的。九鼎上绘有九州的山川物产，象征着天下。夏桀昏庸无道，鼎就迁
到了商朝。商纣荒淫暴虐，鼎又迁到了周朝。政德清明，鼎虽小却也不
能被人搬走；国君无道，鼎再大也难以长久保存。天命还未改变，你怎
么敢问鼎的轻重呢？"

楚庄王听后，打消了对鼎的觊觎之心。问鼎无果后，楚庄王开始一
心向北用兵，并与吴越两国结盟。

晋国失诸侯

虽然晋国日渐衰落，但仍然是中原霸主。楚国是南方的大国，蔡国距离楚国很近，一向在中原霸主和楚国之间摇摆不定，时常要到楚国去朝见楚王，求得国家的安全。

一次，蔡昭侯得到了两枚质地清润、雕工细腻的精美玉佩和两件珍奇的皮裘，正好到了朝见楚昭王的时候，他便穿上皮裘佩上玉佩，又将另外的皮裘和玉佩献给楚昭王。

楚国令尹子常看到如此珍稀的玉佩和皮裘十分羡慕，他觉得蔡国国小力微，便要求蔡昭侯将玉佩与皮裘送给自己。谁知蔡昭侯不肯。子常见蔡昭侯如此不给面子，竟然下令将蔡昭侯扣留在楚国三年。

唐国的唐成公到楚国朝见楚昭王，子常又看中了唐成公的两匹宝马，唐成公不肯给，子常便将唐成公也扣留下来。蔡国大臣们倾尽所有凑了

厚礼送给子常，蔡昭侯这才得以回国。

蔡昭侯回国以后愤愤难平，便去求晋国发兵进攻楚国。晋定公断定此时正是攻击楚国的大好时机，于是便在召陵大会诸侯，准备联合进攻楚国。召陵之会声势浩大，与会的有齐、鲁、宋、蔡、卫、陈、郑、许、曹、莒、邾、顿、胡、滕、薛、杞、小邾十七个诸侯国的国君，他们都摩拳擦掌准备大战一场。眼看着大战在即，却发生了一件出人意料之事。

晋国的大夫荀寅向蔡昭侯索贿，蔡昭侯见晋定公已经大会诸侯，便拒绝了荀寅。荀寅心中不满，找到手握大权的晋国大夫范献子说："我们如今自顾不暇，而各诸侯国也都有二心，攻打楚国于晋国无益，您还是拒绝蔡昭侯吧。"范献子听了觉得有理，便将攻打楚国的事丢到一旁不再提起。一场大会虎头蛇尾，伐楚的计划落空。

召陵之会后，各国看透晋国已经外强中干，臣下的一句话就可以改变国家大计，于是纷纷背离晋国。

❧ 楚国走向深渊 ❧

晋国霸业倾颓，正是楚国乘虚而入的好时机，可惜，楚国也陷入了内乱。公子围勒死楚王登上王位，这就是楚灵王。楚灵王喜欢享乐，行事随心所欲。

他想体现大国地位，于是召集诸侯会盟。会盟诸侯后大举进攻吴国，又带领诸侯攻破赖国。随后两次对吴国动兵，但都战败，就掉转矛头兼并了陈、蔡两国。

楚灵王对臣子们动辄抄家，甚至处以极刑，终于点燃了导火索，一批被剥夺了财富和地位的大夫联合起来，攻占了楚国的固、息两座城池。

被楚灵王攻灭的蔡国也是人心思动，一些旧臣借助楚灵王弟弟公子弃疾"陈蔡公"的身份集合起一支军队。这支军队一路杀向楚国国都，由于到处都有被楚灵王迫害过的人，叛军非但没有遭遇抵抗，反而不断壮大。郢都的守将蔡洧与楚灵王有杀父之仇，当叛军来到，立即献了城池。

楚灵王正出征在外，听说后大惊失色，从车上跌落下来。此时军心涣散，军士纷纷潜逃回国都，只剩右尹子革等人还跟在楚灵王身边。子革建议楚灵王回国都听候发落，楚灵王认为民怨太大了；子革又建议楚灵王求救于诸侯，楚灵王说自己已经众叛亲离；子革又建议楚灵王出逃，楚灵王说自己在哪里也无法得到身为君王的待遇了。子革无奈，只得离开。楚灵王成了孤家寡人，在山中流浪。不久，自觉无趣的楚灵王自缢于树下，结束了自己荒诞而罪孽的一生。

公子弃疾在这次政变中出力最大，结果却只当了个司马，很不满意，于是大肆散布谣言，说楚灵王带领大军杀回，还派亲信在夜深之时厉声惊呼，搞得人心惶惶。深居宫内的楚王子比和令尹子皙寝食难安，竟双双自尽，公子弃疾即位为楚平王。

楚国在楚平王手中，也是内忧外患，楚地的忠良俊杰纷纷被迫离国，伍子胥就是其中之一。他逃到吴国后，扶持吴王阖闾即位，剑指楚国，最终攻破了楚国国都。此时楚平王已死，伍子胥把楚平王的尸体从坟中挖出来，狠狠地抽了三百鞭，算是报了父兄的大仇。

～ 进击的吴国 ～

吴王阖闾是吴王储樊之子，借刺客专诸之力，除掉吴王僚上位。当上吴王的阖闾心中不安，因为吴王僚有一个儿子名叫庆忌，有万夫不当之勇，吴王僚被刺以后逃到了邻国卫国，在卫国的艾城招兵买马，号召诸侯为父亲报仇。阖闾又请出刺客要离，刺杀了庆忌。

除掉庆忌这个心头大患之后，阖闾开始巩固他的王权，随后筹划攻打楚国。伍子胥建议将吴国军队分成三支，轮流袭扰楚国的边境，让楚国的将卒疲于奔命，然后再三军合于一处猛攻楚军。吴王阖闾听从伍子胥的计策，开始对楚军实行袭扰战术。

鲁昭公三十一年（公元前 511 年），吴军进攻楚国，攻打夷邑，偷袭潜邑和六邑。楚军派兵救援，吴军则转而包围了弦邑，并到达了豫章一带，楚军又来救，吴军当即撤兵。楚国军队在这种情况下，变得疲惫不堪，逐渐失去了警惕。

鲁定公四年（公元前 506 年），吴、蔡、唐三国联合进攻楚国。吴军连战连捷，很快就打到了楚国的都城郢。在吴军攻占楚国都城郢时，越王允常趁吴国空虚率军侵入吴国。

鲁定公十四年（公元前 496 年），越王允常去世，其子勾践即位。吴王阖闾认为这是进攻越国的大好时机，可以报当年偷袭之仇。于是吴越双方大战，越王勾践派出了敢死队冲击吴军，使吴军阵脚大乱。随后，越王勾践又命士犯在阵前自刎，吸引了吴军的注意力，越军借此进行突袭。吴军大败，吴王阖闾也被越军击伤，不久因伤死去。

❧ 越国吞并吴国 ❧

吴王夫差继位，一心报仇，终于战胜越王勾践，越国成为吴国的附庸。之后，吴国开始积极寻求称霸中原的机会，逐渐忽视了对越国的防备。越国就暗中用离间计害死了一直防备他们的伍子胥。

鲁哀公十三年（公元前482年），吴王夫差与晋定公在黄池举行会盟，把吴国内的精锐部队都带到了黄池。越王勾践就问范蠡现在是否可以攻打吴国。范蠡对越王勾践说："现在时机已经成熟了。"于是等到吴王夫差到达黄池后，越国立即分兵三路，大举伐吴。

得到消息的吴王夫差在会盟结束后立即班师回国，回国之后向越国请和。而越国自知还不能一举消灭吴国，就答应言和，但实际上依旧在加紧做灭吴的准备。四年之后，吴国发生饥荒，越军直逼到吴国的姑苏城下。姑苏城城池坚固，易守难攻，越军只好回师。此战之后，吴国的兵力与财力消耗殆尽。

鲁哀公二十年（公元前475年），越国对姑苏城采取了围困战略，围困两年后的冬天，越军发动了猛烈的攻势，最终攻进姑苏城内。吴王夫差成了越国的阶下囚。

越国吞并吴国后，开始积极寻求霸业，北上争强。主持了徐州会盟，俨然成了新的霸主，威震各国诸侯。越王勾践为了巩固霸业，将国都从会稽迁到山东琅玡，试图以中原诸侯的身份号令群雄。此时已是春秋末期、战国之初。

范蠡与文种的结局

越王勾践卧薪尝胆，终于灭掉吴国。稳定朝局后，他便要求范蠡、文种继续帮他完成称霸中原的伟业。范蠡早已看出越王勾践可以共患难，却难以共安乐，于是不辞而别，带着家人从海路逃到齐国，改名换姓，再创家业。

范蠡在离开越国之前找过文种，他对文种说："越王将来是会杀你的，你也应该及时退隐。"但是文种不相信越王会杀他。后来，范蠡还写信给文种，跟他讲："飞鸟射完了，好弓就要被收起来；狡猾的兔子猎光了，猎狗就要被烹杀。你为什么还不离开呢？"但文种还是不听。

终于有一天，越王勾践将一把宝剑赐给文种，道："你曾经教给寡人七种打败吴国的计策，寡人只用了其中三种就攻下了吴国，你就带着剩下的四种计策去替死去的先王出谋划策吧。"文种此时想起了范蠡的劝告，但为时已晚。

战国卷
群雄并起

田氏崛起

田氏原姓陈，其始祖是陈厉公之子陈完。因陈国内乱逃到齐国，改姓田，从此齐国就多了一个田氏家族。

春秋晚期，齐景公在国内征收大量的赋税，国库中粮食积蓄如山，而百姓则不得温饱；刑罚也极其残酷，很多人因受刑罚而肢体残缺。

田氏借粮给缺粮的百姓，用自制的大容器借出，用标准的容器收回。同时，田氏还把山上的木材拉到市场，以便宜的价格卖出，把鱼、盐和其他海产品运到市场出售，价格却还和在海边卖的一样。田氏到处慰问和帮助困苦的百姓，因而深受百姓拥戴。

晏婴曾屡次劝告齐景公要注意田氏的发展，但是齐景公并没有在意晏婴的话。齐景公临死之前，立公子荼为太子，并托孤给高张、国夏。高张、国夏当政后不断排挤田氏。鲁哀公六年（公元前489年），田氏的当家人田乞联合鲍牧等大夫率兵攻入宫内，高张、国夏败逃。

田乞偷偷从别国接回了与他要好的公子阳生，秘密安置在自己家中，随后邀请大夫们来家中议事，喝得醉醺醺的鲍牧也来到了田乞家。酒席间，田乞把公子阳生请了出来，并向大家说："看啊，这才是我们真正的君主！"于是田乞与大夫们议定立公子阳生为新君，废掉公子荼，并声

称这是鲍牧的主意。鲍牧酒醒之后，发现已是骑虎难下。于是，大家共同盟誓，立阳生为国君，就是齐悼公。田氏逐渐崛起，最终取代了姜氏成为齐国之主。

三家分晋

春秋之初，周王室的权威就江河日下，诸侯国之间相互掠夺土地与财富，战灾连连。这些诸侯国为了称霸，招募能人贤士，一大批因功崛起的新贵族逐渐成为各诸侯国的中坚力量。这些新贵族世代相卿，割据一方。春秋末期，晋国朝政就是由韩、赵、魏、范氏、中行氏、智氏六大族把持，因而被称为六卿。

鲁悼公九年（公元前 458 年），六卿中的智、韩、赵、魏四家联合到一起，瓜分了落魄的范氏与中行氏的部分封地。晋出公很生气，想要联系齐国和鲁国讨伐四家，四家就把晋出公废逐了。

智伯扶立了晋哀公，因而获得了执掌晋国国政的权力。随后，智伯利用权力，借机占有了范氏与中行氏的封地，智伯的势力因此大过了赵、魏、韩三家，于是便仗势蚕食三家的土地。智伯瑶借用晋哀公之名向韩、魏索要土地与人口，韩、魏因惧怕智伯瑶之势给了他。智伯瑶又向赵索要，被赵襄子一口拒绝。于是，智伯瑶威逼利诱韩、魏与他一起攻赵。

赵军寡不敌众，退守晋阳，晋阳城危难。赵襄子于是派人偷偷出城，潜入韩、魏军营，向韩康子与魏桓子分析利害。韩、魏本来就是受到胁迫才一同进攻赵家的，也担忧智伯瑶在灭赵之后会对他们下手，于是与赵订下盟约，一同对抗智伯瑶。

这突如其来的转变，让智伯瑶毫无防备，智伯军溃败而逃，智伯瑶也被杀。之后，智氏一族被赵所灭，智氏的土地与人口被赵、韩、魏三家平分。

此后，晋国的大族只剩下韩、赵、魏三家。晋哀公死后，晋幽公立。韩、赵、魏三家借机瓜分了晋国的土地，各自称王，晋幽公只剩下绛和曲沃两地，向三家朝拜，这就形成了历史上有名的"三家分晋"。到田齐威王时，一代霸主晋国彻底消亡，轰轰烈烈的战国时代就此拉开序幕。

❧ 齐威王的雄心 ❧

田氏能够真正实现代齐的计划，首先自然是因为权力渐渐超过姜姓君主，其次则是因为百姓人人信服，对于姜姓时代的远去，几乎没有任何留恋。

到了田和时代，韩、赵、魏被列为诸侯。眼见时机成熟，田和便将齐康公贬谪到了海边的一座小城之中。此后，齐国便正式归入了田氏的治下，田和被封为齐侯。后来齐康公死去时没有子嗣，田氏便从名义上和事实上完全取代了姜氏。

经历了祖辈和父辈的励精图治，到了齐威王这里，似乎已没有了万丈豪情。在朝臣眼中，齐威王是一个不务正业的君主。

由于齐国政权更迭，韩、魏、赵这三个新兴的国家纷纷来攻打齐国。连一向安分的鲁国也以齐国田氏擅权为由，前来攻打。一时之间，整个齐国呈现了"诸侯并伐，国人不治"的局面。齐威王痛定思痛，开始着手整顿吏治，又起兵出击赵、卫，大败魏国于浊泽，各诸侯国听说后，都再不敢进犯。

齐威王立志改革，思贤若渴，任用邹忌为相。自此之后，齐国不断强大，齐威王也生出了雄霸天下的野心，甚至还铸造了象征最高权力的鼎。齐威王努力加强边防，拜田忌为司马、孙膑为军师。在他看来，任何至宝也比不上这些人才重要。

❧ 商鞅变法 ❧

秦孝公渴望在有生之年称霸中原，重振秦穆公的雄风。而想要在短短几十年内成就大事，唯有施行霸道。就在这时，他遇到了商鞅。秦孝公召见商鞅几次，商鞅都给秦孝公讲称霸之道，秦孝公对霸道很是痴迷。

商鞅知道法家注重刑罚，缺少恩德。但商鞅久不得志，再加上秦孝公诚心重用，他只能以严刑峻法在最短的时间内增强秦国国力。

商鞅知道颁布新法必须得到百姓的信任和支持，于是在国都南门立了一根三丈长的木头，下令说，只要有人搬木头到北门，就赏赐十金。百姓初时并不相信，很多人站在城门外观望，却无人上前搬木头，商鞅增加赏金到五十金。

就在大家议论纷纷的时候，终于走出一个人说："我来试试。"说着他就把木头扛起来，搬到了北门。商鞅果真赏给那个人五十金。这件事传开后，秦国百姓都相信左庶长商鞅是个言而有信的人。得到百姓的信任后，商鞅开始正式变法：第一，鼓励农耕；第二，建立军功制度；第三，以严刑峻法稳定社会秩序。

变法处罚严苛，新法实施了一年多，百姓怨声载道。正当商鞅为新法的推行而焦虑时，太子触犯了新法。太子是未来的国君，不能轻易施加刑罚，于是商鞅处罚了太子的两位老师公子虔和公孙贾。百姓和官员再没人敢非议和阻碍新法，新法顺利地推行开来。

经过变法，秦国走上了富强之路。但商鞅在推进改革的过程中触犯了很多人的利益，这注定了商鞅的悲剧结局。

秦孝公死后，太子登基，这就是秦惠文王。公子虔诬告商鞅造反，没人为商鞅说话，商鞅逃亡到魏国边境。魏人厌恶商鞅奸诈，抓到商鞅遣送回秦国。商鞅又逃回商邑，率领部属攻击郑国找出路。然而，秦军紧追在后，商鞅战死。为了泄恨，秦惠文王车裂商鞅的尸体示众，还依照商鞅的逻辑诛了商鞅全家。

苏秦谈合纵

苏秦是东周人。他变卖家产，前往鬼谷子处学习。当学成归来，苏秦将目光盯向国力日盛的秦国。与秦惠文王相见，他口若悬河，滔滔不

绝，游说秦惠文王争霸天下。可直到他花光了所有盘缠，连吃住的费用都没了也没有成功。

　　苏秦从秦国步行回家，少说也走了几个月，疲惫不堪。家人看他如此狼狈地归来，都看不起他。妻子跟没看见他一样；嫂子做饭，唯独没有苏秦的；父母也不看苏秦一眼。亲人的态度极大地刺激了苏秦，他立志要做出一番事业。

　　痛定思痛的苏秦常常读书到深夜，他准备了一把锥子，一打瞌睡就用锥子刺自己的大腿，利用疼痛让自己清醒，坚持读书。经过一年多的磨炼，苏秦决定再度入世。

　　此时，只有赵国最有实力抗衡秦国，苏秦前往游说，可惜连赵国国君都没见到。失落之余，苏秦离开赵国，一路北上来到燕国。苏秦苦等了一年多，才见到养尊处优的燕文侯。苏秦告诉燕文侯：燕国夹在秦、赵这两个强大的国家之间，秦国是燕国的手足之患，不足为惧；赵国则是燕国的心腹之患，令人担忧。如果燕国参与合纵，合纵秦以外诸国连为一体，一定能解除心腹之患并与强秦相抗衡。燕文侯听得喜笑颜开，将相印交给苏秦，并赠其车马、财物，命苏秦游说赵国，力求实现合纵。

受到燕文侯赏识的苏秦此次入赵与前番大不相同，得到了国君赵肃侯的亲自接见。苏秦的话让赵肃侯听得十分上瘾，他深信赵国作为合纵的轴心国，一定能获得如苏秦所说的好处，所以他也像燕文侯一样，将相印交给苏秦，并赠送香车宝马供苏秦游说其他国家。

苏秦游说六国合力抗秦，挂六国相印，归赵后被赵肃侯封为武安君。秦国自此后十五年不敢相犯。

张仪连横之路

张仪与苏秦是同窗，两人的关系很好，苏秦得势时，张仪正在楚国受到诬陷羞辱，很不如意，张仪决定前往赵国投奔苏秦。

然而张仪来到赵国，却迟迟见不到苏秦。等终于见到了苏秦，苏秦又摆出高姿态，故意羞辱张仪。千里迢迢前往投奔，却被羞辱一番，张仪心里很不是滋味，于是将被折辱的仇算在赵国头上。各诸侯国中，只有秦国能为张仪雪耻，张仪决定入秦。

他却不知道，这一切其实都是苏秦的计策。苏秦对亲近的人说，张仪的才华无人可比，自己也对他甘拜下风。只是张仪家境贫寒且心高气傲，怕他会因贪小利而忘记千秋大业，因而设计羞辱他以激发他的志向。

苏秦奏请过赵王后，命门客带上财物和车马跟随张仪，资助张仪求见秦惠文王。张仪受到资助后很容易就见到了秦惠文王，秦惠文王正为苏秦主导的合纵之势发愁，正好张仪来了，他凭借自己的才华得到秦惠文王的倚重，拜为客卿。

张仪掌权后，苏秦的门客向张仪告辞。张仪很是奇怪，自己正要回报他，怎么却要告辞离去。这时门客才将苏秦的苦心说出，张仪听后十分感慨，为报答苏秦，张仪让门客转告，只要苏秦还当权，他绝不会攻打赵国。

后来苏秦被刺杀身亡，合纵的大梁倒了，诸国如一盘散沙。张仪抓住这个千载难逢的良机，前去游说楚怀王，希望瓦解合纵，实现连横。张仪以武力相威胁，又以利益诱惑，楚怀王被说动了。

离开楚国后，张仪径直北上说服了韩国。至此，半个天下已在秦国的控制范围之内。秦惠文王万分高兴，赏了张仪五个城邑，并封他为武信君。张仪又马不停蹄地前往说服了有扩张野心的齐国。

合纵国的轴心是赵国。赵国有庞大的军队，难以对付。张仪告诉赵王，参与连横的国家已经有魏、楚、韩、齐。合纵已经瓦解，赵国如果继续与秦国抗衡，结果可想而知。赵王一看连横已经成为大势，只好顺势而为。燕昭王也听从张仪的建议，依附秦国，并割恒山脚下的五座城池作为见面礼。

张仪回秦国，一路春风得意，却在途中得到噩耗——秦惠文王死了，其子秦武王继位。不少人在秦武王面前中伤张仪，张仪不得不设计脱身，来到魏国。不久，张仪寿终正寝。

❧ 信陵君联军抗秦 ❧

秦军包围赵国都城邯郸。赵王命平原君赵胜到其他国家求援。魏国是赵国的近邻，又是姻亲，所以平原君第一个想到了魏国。但是，魏王对于秦国十分畏惧，不肯发兵。魏国的信陵君无奈，盗出兵符，接管了十万魏军，解了邯郸之围。魏王大怒，传令要严惩信陵君。

在赵王和平原君的挽留下，信陵君在赵国待了十年。秦国听说信陵君在赵国，魏王身边没有可用之人，多次出兵攻伐魏国，魏军屡战屡败。魏王派遣使者前去请信陵君回国，在食客的劝谏下，信陵君回到了魏都大梁。

魏王喜极而泣，封信陵君为上将军，统率魏国军队。信陵君不负众望，凭借自己在政治、外交、军事上的非凡才能，救魏国于水火之中。

魏安釐王三十年（公元前 247 年），秦军再次大举进攻魏国，信陵君派遣使者前往列国求援。各国知晓是信陵君担任统帅，纷纷派遣大军前来援救。

通过此次作战，魏国夺回了关东地区的大量土地。秦王知道，信陵君一日不除，就一直会是秦国的心腹大患。于是，秦国再次使出最为擅长的离间之计。

秦国让人拿着金银财宝到魏国，贿赂一些人诋毁信陵君，说信陵君准备在魏国南部自立为王，诸侯都愿意拥护信陵君。另外，秦王又派遣了使者前往魏国，不去朝见魏王反而去见信陵君，一路之上，大造声势，一时间谣言满天飞。魏王自此不再信任信陵君，信陵君郁郁而终。

∽ 周王室的灭亡 ∾

信陵君率领合纵大军打败秦军，楚考烈王对魏国有信陵君这样的良才艳羡不已。楚国的春申君感到不服气。春申君与齐国孟尝君、赵国平原君及魏国信陵君并称"战国四公子"，同样喜欢招揽有才之士。他认为自己缺的就是一个机会。

当秦国和赵国大战，秦国大败时，春申君决定联合六国再来一次合纵攻秦。春申君将这个想法告知了楚考烈王，楚考烈王并无异议。为了更有号召力，春申君派遣说客前去找周赧王联合诸侯。

恰好不久之前，秦国大军集结，兵锋直指韩国的阳城，眼看也要借机灭掉周王室。周赧王于是毫不犹豫地答应了春申君。为了增强自己的权威，周赧王在号令天下伐秦的同时，招募了一支自己的军队，硬是凑齐了六千兵马，又给贵族们立下字据借钱装备军队，承诺一旦将秦军打败，就将战利品分给他们。

周赧王发布了号令，要与六国相约在伊阙会师。可是他没想到，魏国、赵国在和秦国大战后已是有心无力；实力还算强盛的齐国正忙着和秦国称兄道弟；韩国则自顾不暇。最终派遣军队前来的，只有楚国和燕国，但这两个国家也是准备着坐山观虎斗，所以最终合兵一处，也才不到五万人马。

撤是不能撤的，于是，周赧王和春申君决定，干脆就在伊阙等其他几国的军队到来。只可惜，其他四国的军队最终也没有来。当秦国明白这次合纵只是虚惊一场之后，便火速调集函谷关的十万军队，整日操演兵阵，杀声震天。不久，春申君便被吓跑了，燕国的军队也溜之大吉。最后，周赧王召集的六千兵马也作鸟兽散。

就在周赧王黯然回朝的当天，讨债的贵族们就找上了门，周赧王只好躲到宫里不出来。更让他忧心的是，秦军已经攻克了韩国的阳城，大军就要兵临城下了。无奈之下，周赧王偕同三十六城池的三万户居民一道西去，来到咸阳宫见秦王，请求秦王接收周王室的土地。秦王将周王室的土地接收后，将梁城封给了周赧王，周赧王从此号称周公。不久，周公便无声无息地离开了人世。

战国落幕

燕太子丹谋划的荆轲刺秦以失败告终，燕国没多久就灭亡了。三晋之地，韩国、赵国和魏国也相继灭亡。最后还剩下两个国家，等待秦军去征伐，一个是楚国，一个是齐国。楚国自上次战败后，经过这么多年的休养生息，元气有所恢复。因此，与楚国的战争是秦军扫灭六国面临的关键一战。

老将王翦率领六十万大军，浩浩荡荡地来到了楚国。在一连串的歼灭战之后，楚国最终选择了投降。王翦在攻下楚国后，又南下攻灭百越，设立郡县。

秦王政二十六年（公元前221年），秦国大军从燕地挥师南下，占领了齐国都城临淄，齐国灭亡。战国时代终于宣告落幕，大一统时代就此到来。

知识拓展

荆轲刺秦王

在易水与燕太子丹分别后，荆轲带着樊於期的头颅和燕国督亢的地图来到秦国，见到了秦王嬴政。荆轲从容地拿着装有樊於期头颅的匣子走到秦王嬴政面前，而拿着燕国督亢地区地图的秦武阳却面色发白、冷汗直冒，一看就是被吓坏了。

荆轲心中一惊，急忙对秦王嬴政说："他是粗人，畏惧您的威仪，

望大王不要怪罪。"秦王嬴政并没有说什么，只让人把秦武阳手中的地图拿过来。

荆轲请求为秦王嬴政讲解，秦王嬴政答应了。荆轲将地图慢慢展开并讲解，图展开到最后露出了藏在其中的匕首。说时迟那时快，荆轲左手拉住嬴政的衣袖，右手挥着匕首狠狠地刺了下去。嬴政挣脱荆轲，伸手去拔剑，可那把剑太长，一时拔不出来。

秦国朝堂上一片混乱。因为大臣们不能够带兵器入殿，侍卫们又在殿外，一时无人可挡。一个侍医把身上的药囊向荆轲扔去。这个药囊影响了荆轲的行动，使嬴政有了喘息之机。

嬴政终于拔出了剑，砍断了荆轲的左腿。重伤的荆轲倒在地上，将手中的匕首掷了出去，可是依然没有伤到嬴政一根毫毛。而秦武阳早在一开始就被制伏了。

这时候的荆轲从容而坦然，他靠着柱子，叉开双腿，哈哈大笑道："因为想要活捉你，让你归还诸侯的土地，才导致了失败啊。"燕太子丹这最后的谋算也以失败落幕。

秦朝卷

一统天下

❧ 秦的起源 ❧

伯益，曾经在舜时期负责蓄养牲畜，因为有功，获得封地，被赐姓为"嬴"。若干年后，嬴姓失祀，其后裔传到了造父这一代。

造父是驭车高手，曾在桃林一带得到八匹骏马，八匹骏马被他驯养得异常健壮，奔跑起来一日千里。他将八匹骏马献给周穆王，周穆王得马后大喜，经常用这八匹骏马架车出去游玩，每次都让造父驭车。

一次，八匹骏马带着周穆王一群人去西土拜见西王母，周穆王与西王母相见恨晚，迟迟不愿回去。这一天，突然收到了徐国侵扰国都的消息，周穆王需要在次日天亮前赶回国都迎战，但路途遥远，按正常行程根本赶不及。造父用八匹骏马驾车，驭车一夜赶回国都，周大胜。周穆王因功将赵城封给造父，造父也因此得到了专属于自己部族的氏——赵。

造父一支来自蜚廉的次子季盛，而蜚廉的长子恶来一支也因为造父受宠而被称为赵氏。当时恶来的后裔叫作大骆，造父封赵后，他便来归附造父，因此被周穆王封在犬丘。

所以，嬴姓赵氏在当时有两支，一支是以季盛为祖的赵城赵氏，另一支是以恶来为祖的犬丘赵氏。而犬丘这一支正是秦国的祖先，造父这一支则建立了赵国。

在对嬴姓赵氏的称呼中，"秦"字出现比较多，这又是为什么呢？原来，大骆有个小儿子名叫非子，非子和造父一样擅长养马，因此有人将他推荐给了周孝王。周孝王让他在渭水一带为周王室养马。非子很勤劳，周王室的马一天比一天强壮，繁殖很多。于是，周孝王将秦地封给了非子。非子在秦地建立了一座城邑，名叫秦亭，正式成为周朝的附庸。周孝王因此让非子继续嬴姓的祭祀，号称秦嬴。

泛舟之役

秦穆公名任好，是秦德公的小儿子。晋献公将自己的大女儿嫁给了秦穆公，这就是"秦晋之好"的开端。

晋惠公四年（公元前647年），晋国经历了频繁灾荒，仓廪空虚。晋惠公请秦穆公帮忙，希望秦国能卖给他一点儿粮食。秦穆公不太情愿，而百里奚却认为，福祸终有轮替，多济人之需，才能保证日后自己有需要的时候，得到对方的帮助，秦穆公采纳了百里奚的建议。

载满粮食的船只，从秦都雍城出发，沿渭水航行五百里运往晋国。络绎不绝的白帆飘扬在渭水河上，晋国的百姓欢呼雀跃，壮观的场面永留晋人心中。这次行动有一个美丽的名字——泛舟之役。

秦穆公十四年（公元前646年），秦国颗粒无收，仓库空虚。晋国此时已经摆脱了灾荒，粮食仍有剩余。秦国向晋国求援，却被晋惠公拒绝。消息传回秦国，大臣们纷纷斥责晋惠公不仁义。

幸好，在秦国众人的努力下，第二年就解决了灾荒问题。于是，秦穆公决定讨伐晋惠公。

秦军一路势如破竹，晋国大败，晋惠公被俘。晋惠公的姐姐，也就是秦穆公的妻子求情，秦穆公才放了晋惠公，让他的儿子留在秦国为质。

❧ 对外的征战 ❧

秦穆公三十二年（公元前 628 年），秦穆公命百里奚的儿子孟明视为大将，蹇叔的儿子西乞术和白乙丙为副将，率军出征。

秦军来到滑国。滑国离郑国不是很远，秦军路遇郑国商人弦高，他正赶着十二头牛前往周都贩卖。弦高看到秦军，知道他们是来进攻郑国，便谎称自己是郑国使臣，要求拜见孟明视。弦高说郑国国君已知秦军要来，派他领着牛群前来犒劳秦军，说完便将四张牛皮和十二头牛献给了秦军。

骗过孟明视等人，弦高立即赶回郑国报告。孟明视知道偷袭事败，又怕没法向秦穆公交代，便想到既然不能按原计划进攻郑国，不如就此灭掉滑国。于是，滑国惨遭灭顶之灾。

秦国如此嚣张，想要攻打的还是自己的盟国郑国，这让晋襄公难以忍受，于是他下令在崤山伏击秦军。在晋军的伏击下，秦军全军覆没，孟明视、西乞术、白乙丙三人被生擒到晋国。这便是崤之战，也是秦晋争霸的首战。

在此之后，秦穆公把目光转向西方。秦穆公三十七年（公元前 623 年），秦将由余率领秦军攻打绵诸，很快便突破绵诸防线，进入了绵诸王宫，绵诸王被俘。消息传遍整个西戎，西戎各部族也纷纷接受秦军招降。至此，秦国国界往南扩至秦岭，往西直达狄道，往北延伸至朐衍戎，往东进驻黄河，史称"益国十二，开地千里，遂霸西戎"。

❧ 孝公招贤 ❧

秦孝公元年（公元前 361 年），为重现秦穆公时代的辉煌，秦孝公下达了"招贤令"。"招贤令"颁布两年之后，秦国的近侍景监将商鞅推荐给了秦孝公。

商鞅雷厉风行地在秦国实施变法，得到了秦孝公的支持。而贵族们为了让商鞅难堪，却采取了明知故犯的伎俩，便有了"太子犯法"的事件，这个太子就是日后的秦惠文王。商鞅认为太子犯法，罪在指导太子的人，就惩罚了太傅公子虔和太子的老师公孙贾。经过这次事件，那些反对变法的人见识了商鞅的决心。

商鞅变法发展了秦国经济，提高了军队的战斗力，巩固了秦国中央的权力，使秦国恢复了安定。

秦孝公十一年（公元前 351 年），商鞅受命率军进攻魏国西长城的北段要塞固阳，最后顺利迫使该城守军投降。面对秦国雄踞西方的威胁，魏、韩两国的国君主动来到秦国，向秦孝公求和示好。秦孝公十八年（公元前 344 年），周天子宣召，秦孝公会合其他诸侯一起朝见了周显王。自此，秦国重建了他在西方的霸主地位。

知识拓展

"宝鸡"由来

据说在秦文公十九年（公元前 747 年），民间发生了一件怪事。有一天，陈仓城里的一个猎户外出打猎，在路上遇到了一只怪兽。这只怪兽的四只脚如猪蹄一般，头上长着两只长长的角，样子犹如山羊。怪兽低着头，用鼻子在地上嗅着，似乎是在寻找食物。这只似羊非羊、似猪非猪的怪兽令猎户无比兴奋，他想，若能将这只怪兽捉住，拖到集市里，必将引起轰动。于是猎户搭弓射箭，正中怪兽腿部，轻松地将其捕获。

果然，这只怪兽在集市里一出现，就引起了人们的关注。在一番议论之后，众人决定将这只怪兽献给君王。怪兽被运到皇宫，秦文公看得一脸惊奇，却没有一个人知道这是什么动物。

忽然有一对童子和童女来拜见秦文公，他们说这怪兽名为"媪"，常在地中食死人脑。秦文公听完吓得不轻，原来这是不祥之物。

秦文公立即向童子、童女寻求驱邪之法。只见童子不慌不忙地拿起一根树枝猛地往媪头上插去，媪大痛，拼命挣扎，不一会儿就死了。此时有人禀告秦文公，说这童子、童女名为陈宝，是大吉之物，若有人得雄者将称王，得雌者将称霸。秦文公激动万分，丝毫不念童子、童女的恩情，下令抓住他们。

童子、童女拼命逃跑，童女实在跑不动了，变成一只野鸡飞到陈仓城北，落地时化作一块石头。秦文公立即将石头供起来，建祠堂祭祀它，而祠堂所在之地陈仓，也在后世流传中获得了它另一个名字——宝鸡。

合纵连横

春秋初期，中国大地上有一百多个诸侯国，随着兼并战争的持续，诸侯国数量锐减，到战国初期仅剩二十几个。其中秦国、齐国、赵国、魏国、韩国、楚国、燕国实力最强，史称"战国七雄"。

战国七雄在加强自身实力的同时，不忘搞好与其他邻国的关系。最为人称道的外交策略便是"合纵连横"。

战国初期，齐国是东方大国，秦国是西方大国，其余五国均无法与秦国、齐国相抗衡。根据战国初期的形势，燕国、赵国、魏国、韩国与楚国这几个弱国联合起来，共同对抗齐国、秦国，防止被兼并。针对这一情况，齐国、秦国拉拢部分弱国加入自己的阵营，攻打另外的弱国，以达到兼并弱国的目的。

战国中期，秦国一国独大的局面渐渐形成，秦国成为六国共同的威胁。面对这种新局面，其他六国逐渐走入同一阵营，秦国成了众矢之的。这一时期，苏秦游说六国联合对抗秦国，这就形成了合纵；后来，张仪为秦国拉拢弱国，各个击破，又形成了连横之势。

战国时期，有名的纵横家有苏秦、张仪、公孙衍，苏秦与张仪均师从于鬼谷子，鬼谷子可以说是春秋战国时期纵横家的始祖。

❧ 战国终结 ❧

早在吕不韦当权的时代，李斯便向秦王嬴政提出了灭六国的建议。而秦王嬴政却担忧六国合纵对抗秦国，对此，李斯提出远交近攻战略，分化六国，一一击破。

秦王政二十二年（公元前225年），王翦和副将蒙武率领六十万秦军大举攻楚，楚国大将项燕的军队锐气很盛，秦军不敢与其发生正面冲突。

在进入楚地之后，王翦即令大军在商水、上蔡、平舆一带地区构筑坚垒，进行固守，并下令将士不许出战。王翦坚壁自守、养精蓄锐，任由楚军叫嚣也绝不出兵。

楚军求战不得，日渐松懈。项燕见自己的士兵开始散漫，只好领军东撤。王翦立即下令追击，撤退的楚军士气低落，追击的秦军士气高涨。结果，王翦在蕲南大败楚军，斩杀了项燕，很快便打到了楚都寿春，顺利攻陷了楚国。

秦国大军灭掉南方强楚后，王贲便奉命北上伐燕，将燕王喜和代王嘉这些赵国的残余势力清除殆尽。

燕国灭亡之后，统一的阻碍只剩齐国。为了尽快完成统一大业，秦王嬴政派出刚在燕地取得巨大功绩的王贲挥戈南下，直取齐都临淄。

面对大军压境，齐国毫无招架之力，齐王建只好亲自打开城门，迎接秦军，而他自己最终饿死于流放之地。至此，秦国终于走完了它削平群雄、统一六国的征程。自此以后，中国大地没有了战国的故事，秦的时代到来了。

有了"皇帝"

秦王嬴政觉得必须用一个恰当的称谓，来区别自己与春秋战国的诸侯们。于是，大臣们绞尽脑汁，只为求一个能彰显秦王嬴政伟大功绩的字眼。丞相王绾、御史大夫冯劫以及李斯等大臣聚在一起商议，他们认为秦王嬴政功绩胜过以往任何一个君主，为此，他们援引古代三皇的尊称，建议秦王嬴政以"泰皇"作为称号。

嬴政觉得"泰皇"古已有之，便只保留了一个"皇"字，又在后面加了一个"帝"字，"皇帝"一词便出现了。后来人们都称他为

"秦始皇"。

秦始皇建立了一套相当完整的中央集权制度。他采纳李斯等人的提议，改分封制为郡县制。郡县制因其对于中央集权的有效作用，成了历代王朝在地方管理制度上所仿效的先例。秦始皇又制定了"书同文、度同制、行同伦、车同轨"的政策——统一文字，统一度量衡，建立起统一的伦理道德和行为规范，统一马车两车轮的间距规格。这些措施在秦以后的每个朝代里，都存在着它们的影子。

南征百越

秦始皇称帝之后，中原已掌控在手，但对于遥远的边疆，秦始皇觉得自己的掌控力难以延伸到那里。

有两个地方最令秦始皇头痛，一是北方匈奴，二是南方百越。他们不断骚扰边境，秦始皇决定先从百越着手，用武力威慑他们。百越是中国古代居住在南方越人的总称，其部落众多，故以"百"冠之。

对百越的战争有所突破是从秦始皇二十九年（公元前218年）开始的。大将屠睢与副将赵佗率领五十万大军，兵分五路直取百越。秦军一路所向披靡，很快便越过五岭，直达岭南。但当屠睢到达岭南地区之后，由于对待少数民族的方法失误，最后屠睢被当地人杀死。屠睢死后，剩余的秦军又因水土不服以及补给耽搁等问题，在岭南地区和百越部落相持三年之久。于是，秦始皇找来了当年到过岭南的任嚣。

任嚣出兵岭南之前，秦始皇特意命监御史史禄在广西开凿了一座沟通湘水和漓水的灵渠。灵渠竣工，为在岭南前线作战的秦军提供了源源不断的物资。

秦始皇三十三年（公元前214年），任嚣再战岭南，一路南下，势如破竹，很快取得了战争胜利。不久，整个岭南地区便划入了秦朝版图。

❧ 北击匈奴 ❧

秦始皇三十二年（公元前 215 年），秦始皇命大将蒙恬率军北击匈奴。三十万大军浩浩荡荡向北进发了。蒙恬日夜兼程赶赴边关，秦军和匈奴军的第一次交战，便杀得匈奴人仰马翻，四处溃散。

一年之后，蒙恬再次领军来到黄河之滨，准备和当时越过黄河的匈奴军队来一场对决。为加强河套地区的防线，蒙恬又在河套黄河以北筑起了亭障，修建了城堡，作为黄河防线前哨阵地。在秦始皇的命令下，蒙恬还将战国时燕、赵、秦三国修筑的长城修复并且连接起来。

几年之后，一道西起临洮、东迄辽东的伟大工程便正式亮相在中国的大地上。从这时起，秦朝已经是一个"东至海暨朝鲜，西至临洮、羌中，南至北向户，北据为塞并阴山至辽东"的庞大帝国。秦始皇打通了通往西南的五尺道，延伸至云贵高原。如此，外患已定。

❧ 阴险赵高 ❧

秦始皇三十七年（公元前 210 年），秦始皇开始了他的最后一次东巡。当巡视队伍来到平原津的时候，秦始皇病倒了。

秦始皇开始考虑由谁来即位，他第一个想到的是长子扶苏。秦始皇在临终前唤来赵高，要他按照自己的意思写下遗诏。赵高听到遗诏里的内容，便明白继承人是扶苏。于是，赵高酝酿出了一个巨大的阴谋，私自扣下遗书，等秦始皇死后改写遗诏，令秦始皇的小儿子胡亥即位。

赵高找来李斯，向李斯直截了当地说出了自己的打算。于是，赵高和李斯同谋，假托秦始皇之命立胡亥为太子，又另外炮制了一份诏书送往上郡，以"不忠不孝"的罪名赐扶苏与蒙恬自裁。

在胡亥的默许下，赵高大肆屠杀皇室子女。赵高大权在握，胡亥则继续他的荒淫生活。胡亥即位不久便效法自己的父亲秦始皇巡游天下，回咸阳后，在赵高的唆使下不分青红皂白地诛杀了一批官员。官员的怨气越来越大，百姓的生活越来越苦，很快民间的反抗爆发了。

⌒ 破釜沉舟 ⌒

秦二世三年（公元前207年）九月，章邯派出大军围攻新复国的赵国巨鹿。新复国的诸侯们纷纷派出军队驻扎到巨鹿之旁，准备救援赵国。

楚怀王任命宋义为上将军，领着项羽、范增等人踏上了援救赵国的道路。因之前楚怀王曾剥夺项羽的兵权，并企图控制项羽，宋义觉得，项羽不除终成后患，于是当军队到达安阳的时候，宋义便停滞不前。

项羽不满宋义的行为，也明白宋义想除掉自己的心思，便先下手为强，发动兵变杀死了宋义。楚怀王虽心中不满，却不能说出来，只好让项羽接替了宋义的位子，统领楚军反击秦军。

项羽面对章邯四十万大军，已然做出了拼死一搏的决定。为突破秦军的甬道，项羽令大将英布和蒲将军各自带上兵马渡河进攻。两人很快便攻破了秦军的一部分甬道。项羽决定大举进攻，拿下秦军的整个甬道，从而截断章邯和王离两军之间的联系。

项羽带着所有楚军渡过了漳河之

后，做出了一个令人惊讶的举动——破釜沉舟，每人只带足三天的军粮。

项羽几近疯狂的作战姿态将楚军的战斗激情推到了最高点，章邯的兵败毫无悬念。项羽丝毫不给秦军喘息的机会，立即领兵从后方突袭了毫无准备的王离军，王离也大败于项羽。

项羽带大军再败章邯，章邯别无选择，带领仅存的十二万大军投降项羽。巨鹿之战扭转了秦末战争的局势，曾经辉煌一时的大秦帝国陷入了被动局面。

∽ 最后清场 ∾

秦二世得知章邯兵败投降之后，寝食难安，以泪洗面，惶惶不可终日。此时的秦二世悔恨不已，自己被赵高欺哄多年，害死李斯等一批忠臣，这都是自己的罪。大秦帝国若有灭亡的一天，自己又该如何去见先祖呢！

秦二世不甘心，他派人去质问赵高，赵高接到秦二世的质问惊恐不已，决定先下手为强。赵高找来了自己的女婿阎乐一起商量对策。他们定了一个计谋：由咸阳令阎乐率领手下的士兵装扮成农民军，攻打望夷宫，再以郎中令赵成为内应。

众人依计而行，阎乐和赵成领着士兵闯进秦二世的寝宫，历数他为帝以来的过错，胆小的秦二世在阎乐等人的逼视下自杀而亡。

赵高得到玉玺，立即召集大臣，宣布登基。对于赵高的篡位，大家用无声来抗议。赵高只好找来扶苏的儿子子婴，将玉玺传给了他。

赵高希望子婴在登基之前斋戒五天。五天过后，待赵高派人来请子婴，子婴却称病不出。赵高无奈，只好自己亲自前往。待赵高一到，子婴部下韩谈立即亮出兵器，将赵高斩杀。

子婴随即召集群臣进宫，历数赵高的罪孽，下令夷其三族。然而，仅在一个半月之后，刘邦便攻入了咸阳，辉煌一时的秦帝国宣告终结。

知识拓展

博浪沙刺秦

张良，字子房，出身于贵族世家。到了张良这一代，韩国被秦国攻破，张良心存亡国之恨，因此一直在寻找机会杀秦始皇。

当他得知秦始皇即将东巡，便开始谋划刺秦。张良先到东方拜见了当地名士仓海君，求仓海君传授刺秦良方。张良在这趟旅程中结识了一个大力士，力量非凡，彪悍无比。于是，张良为大力士量身定做了一把重达一百二十斤的铁锤。

在阳武县博浪沙，张良和大力士先找了个隐蔽的地方躲藏起来，等秦始皇的车队到来。很快，路上就有了动静，秦始皇的车队近在咫尺。按照君臣车辇规定，天子六驾，因此，张良刺杀的目标是六匹马拉的马车。可迎面而来的车队里根本没有六匹马拉的车，张良难以判定，只好凭感觉从里面挑出一辆最豪华的作为目标。大力士奋力一扔，手里的铁锤飞到了几十米外，马车被砸得粉碎，秦始皇的车队一片混乱，张良趁乱钻进芦苇，逃离了现场。

然而张良没有想到，秦始皇根本没死。因多次遇刺，秦始皇早有防备，所有车辇全部四驾，还时常换乘座驾。张良错过了一次千载难逢的机会。

西汉卷
大汉雄风

✿ 大破咸阳 ✿

刘邦，字季，沛县人，曾做泗水亭长。秦末，刘邦被分配押送劳力去骊山修皇陵，路上劳力纷纷逃走，刘邦见此情况，知道到了骊山也是死罪，干脆把人全放了，这些人就决定追随他。

陈胜起义，自立为王，天下大乱。刘邦带人回到沛县招兵买马，其后投奔了项梁。项梁拥立楚国后人为楚怀王，刘邦带兵四处征战，被封为武安侯。秦兵攻赵，楚怀王令项羽和刘邦分别带兵援救，约定好谁先打进函谷关谁就可自立称王。

函谷关地势险要，素有"冲要无双"之称。刘邦绕过函谷关，从武关、峣关进抵咸阳。秦二世三年（公元前207年）八月，刘邦留韩王守阳翟，自己带张良等人先克下宛，之后直扑武关。

此时赵高已经害死胡亥，秘密派人来跟刘邦谈判，愿意开关让刘邦进咸阳，但是要求刘邦封他做关中王，刘邦不予理睬。因张良献计，刘邦不费吹灰之力便攻取了武关、峣关。

刘邦攻破峣关之后，先于各路诸侯赶到咸阳，驻军于灞上。刘邦派人向秦王子婴下书，要求子婴投降。子婴乘坐白马素车，自缚出城，携皇帝印玺向刘邦投降。

咸阳宫中无尽的财宝让刘邦眼花缭乱，人人陷入疯狂之中，开始贪婪地掠夺，不知疲倦。樊哙苦劝刘邦立即出宫主持政事。张良也劝刘邦以大局为重，莫被暂时的安逸冲昏头脑，更莫忘记项羽的威胁，赶紧撤回灞上。

于是，刘邦把宫中的金银财宝全部封存起来，准备等诸侯聚齐再做打算，自己则带着士兵返回灞上。临行前，刘邦约法三条：杀人者，死罪；伤人者，按情节轻重论罪；盗窃、抢劫者，按情节轻重判刑。其余前秦法律全部废除。所有官吏职位不变，即刻履行职责，请百姓安居乐业，不要恐慌。关中百姓无不欢呼雀跃，载歌载舞地到灞上犒军。

❧ 赴鸿门宴 ❧

项羽率军向函谷关进发，到了函谷关，见城门紧闭，关上尽是刘邦的人马。项羽当即传令，命大将英布强行攻关。英布迅速破关，然后直奔咸阳，很快于十二月中旬在新丰鸿门扎营，而西面就是驻扎在灞上的刘邦军队，两军相距约四十里。

项羽的亚父范增对项羽说："我曾请人夜观天象，发现刘邦头上有天子的五彩斑斓龙虎之气。将军应该赶快除掉刘邦，以免养虎为患！"于是项羽传令："今晚饱餐战饭，明早消灭刘邦。"

项羽最小的叔叔项伯，当年逃亡时曾得到张良的关照而心存感激。他听说张良追随刘邦，便趁着夜色溜出军营，给张良通风报信。刘邦用对待哥哥的礼节对待项伯，把自己闺女许给了项伯的儿子，两人成了亲家。刘邦再三解释说自己没有二心，恳请项伯在项羽面前为自己说情。

项伯让刘邦明早到鸿门请罪，他又连夜赶回鸿门对项羽说："刘邦先破关中，你才能长驱直入，你现在杀他，太不仗义。"

第二天一早，刘邦带着张良、樊哙，在百余人的护卫下，来到鸿门求见项羽。刘邦一见项羽，当即拜倒。项、刘二人尽释前嫌，项羽挽留刘邦喝酒。

宾主落座，范增冲着项羽连使眼色，示意项羽动手，可是项羽却装作没看见。范增看项羽指望不上，赶紧出来找项羽的堂弟项庄帮忙。

项庄为众人助兴舞剑，他一边舞剑，一边往刘邦身前凑。项伯发现不对劲，立即拔剑而起，用身体护住刘邦，跟项庄对舞。

项庄只好兜着圈子寻找机会，张良急忙找来樊哙，樊哙闯入大帐，狠狠地瞪着项羽。

刘邦假装要如厕，说："将军，不好意思，我去去就来。"项羽等了半天，没见刘邦回来。

刘邦把一对白璧交给张良，让张良代他送给项羽，自己抄小路逃了。

巧赴汉中

项羽自立为西楚霸王，以九个郡为封地。封刘邦为汉王，封地巴蜀和汉中。同时他又把八百里秦川一分为三，封三个秦朝降将为王，想把刘邦堵在巴蜀。

张良拜访陈平，为刘邦解难，献上妙计。于是，陈平去找项羽说："大王，诸侯们都聚集咸阳，五六十万人马，每日耗费钱粮无数，百姓实在无力负担。"

于是，项羽下令让各路诸侯回封地，只把汉王刘邦留在咸阳，与自己共商大事。刘邦向项羽请假，请求回乡省亲。项羽犹豫之际，张良故意反对，他和项羽说："汉王回去，肯定是要接取家眷或者占据沛县称王。您莫不如以巴蜀亟须安定为由，命他去汉中，同时派人去沛县取他的家眷做人质，让他不敢有异心。"项羽欣然同意。

刘邦整顿队伍出发。原本十万人马，却被项羽使了手段分给别人，只剩三万。刘邦不露声色，毫无怨言，使得天下豪杰刮目相看。诸侯中有数万人转投刘邦，愿意跟他去汉中。

刘邦率军赴汉中，张良送到汉中境内才止步，君臣洒泪话别。张良叮嘱刘邦务必烧掉沿路走过的栈道：一是为防止诸侯通过栈道来袭；二是向项羽表明自己没有重返中原的打算，使项羽放松对刘邦的警惕；三是为了减少将士的逃亡。

暗度陈仓

陈仓位于八百里秦川西端，是关中与汉中之间的咽喉。张良给刘邦

制订了"积巴蜀之财富，取道陈仓，还定三秦"的计划。

在汉中到陈仓之间，有一条崎岖难行的小道，几乎无人设防。要出汉中，先得陈仓；要得陈仓，只有这条小路可走。

大将军韩信命樊哙、周勃带一万人马修复栈道，限期一个月完成。消息被探子报告给章邯，章邯觉得汉王受刺激变糊涂了。

其实，章邯被韩信蒙蔽了。汉军备齐粮草，休整完毕，开始行动。刘邦和韩信率领大军从南郑出发，穿过被荒草覆盖的羊肠小道，神不知鬼不觉地抵达陈仓，不费吹灰之力打败了陈仓守军，占领了咽喉要地，并派军从陈仓古渡口渡过渭河，攻打散关。

消息传来，章邯急忙调兵，试图夺回陈仓，掐断汉军生命线。此时，明修栈道的樊哙、周勃顺着山路与韩信会师。

章邯在汉军的追杀中仓皇逃跑。汉军衔尾追击，在好畤再次打败章邯。无奈之下，章邯只好带着残兵败将逃回了废丘城，坚守不出。

刘邦一面派重兵围困废丘，一面命人分别攻打塞国、翟国，打得塞军、翟军丢盔弃甲，开城投降。没用多长时间，八百里秦川几乎全部落入了刘邦的掌中。

返回关中后，刘邦立刘盈为太子，韩信也被拜为左丞相。刘邦采纳了韩信"北举燕、赵，东击齐，南绝楚之粮道，西与大王会于荥阳"的战略，再度抵达荥阳牵制项羽主力。楚汉相争，进入了相持阶段。

❦ 楚河汉界 ❧

韩信收拾了赵国，礼贤下士赢得了李左车的投诚。在李左车的建议下，韩信派舌辩之士出使燕国，兵不血刃，让燕王臧荼投降。

刘邦的谋臣抓住了项羽多疑、自大的特点，利用反间计，离间了项羽同范增。范增死后，项羽打算进攻刘邦，而这时刘邦军中断粮了。

紧要关头，忠心耿耿的大将纪信挺身而出。他对刘邦说："大王，如今形势危急，荥阳守不住了。我跟大王您身材、面容相似，愿意假扮大王蒙骗项羽，您可趁机逃出重围！"

刘邦采纳了纪信的计策。一天夜晚，荥阳城东门突然大开，两千士兵簇拥着一副銮驾从城内冲出来，被楚军团团围住。

楚军打起火把仔细观瞧，发现是一群娘子军。正在这时，銮驾上有人高声喊话："城中断粮，汉王愿向项王请降！"喊话的人被带到项羽面前，项羽仔细一看，这刘邦分明是个假冒的。项羽勃然大怒，下令对纪信施以火刑，将其活活烧死。随后，项羽攻下荥阳。

刘邦从荥阳逃出，经成皋逃回关中，又集合一队人马，在谋士的建议下南出武关，摆出袭击彭城的架势，诱项羽南下，以解荥阳、成皋之急。项羽直奔刘邦杀来，刘邦见情况不妙，撇下满城将士，独自坐着夏侯婴的小车，向脩武方向逃去，韩信和张耳统率赵军，正在那里驻扎。

刘邦在广武山的广武涧西岸安营扎寨，项羽只好扎营于广武涧东岸，与汉军相持。

刘邦与项羽隔涧相望。看到项羽，刘邦就是一番喝骂，骂得项羽暴跳如雷，命令潜伏的弩手放冷箭，射中了刘邦的胸口。

刘邦连忙倒地，抱着脚大叫。重伤的刘邦在众人的保护下逃回营中。幸好弩箭上没有毒药，刘邦才得以保住性命。

在张良的建议下，刘邦强忍伤痛，出来慰问将士。汉军见大王安然无恙，欢欣鼓舞；项羽听说刘邦没事，大失所望，却不敢轻举妄动。刘邦回成皋养伤，同时派陆贾面见项羽议和，要求接回家眷，项羽拒绝了。

彭越和韩信的大军开始出动，彭越负责切断楚国粮道，齐军西进逼迫楚军，项羽这才让步。项羽同刘邦订立盟约：以鸿沟为界，鸿沟以西是刘邦的地盘；鸿沟以东全归项羽；两国就此罢兵，永不交战。达成协议之后，刘太公及吕雉等人被项羽释放。

∽ 兵败乌江 ∽

盟约已立，项羽率先撤兵东还。刘邦却率领二十多万大军追击项羽，还命令韩信和彭越赶到固陵与自己会师，合击项羽。得知刘邦背约，项羽火冒三丈，发誓要杀刘邦。

第二天清晨，十万楚军向汉军发起猛攻，斩汉军两万余人。刘邦被打得狼狈逃窜，退至陈下，筑壁自守。

韩信和彭越率大军前来援助，刘邦的堂兄刘贾渡过淮水，成功利诱项羽的大司马周殷叛变。周殷领兵清除了占据六县的楚军，迎接英布归来。随后，汉军近七十万之众，从四面形成了对楚军的合围，在垓下大败项羽。

项羽带着八百骑兵，衔枚突围，向南遁去，汉将灌婴带五千骑兵追赶。项羽一路狂奔，逃到阴陵时迷路了，疾驰到路尽头，发现前方是一片大泽。

项羽急忙往回走，正好遇见紧追其后的灌婴等人。项羽再次突围，一直逃到乌江边，眼望对岸就是江东老家。乌江亭长正泊船请他渡江，项羽对他说："天要亡我，渡江又有何用？如今我没脸见江东父老，就不回去了。这匹乌骓马日行千里，随我纵横多年，就把它托付给你了。"

项羽回头迎战追兵，斩杀数百人。项羽在追兵之中看见骑司马吕和马童，他们是项羽少年相识的故人。项羽说："我听说刘季悬赏千金、赐食邑万户要我的人头。把这好处送给你吧！"说完，项羽横剑自刎。

刘邦把项羽葬在了穀城，并且亲自主持祭礼，放声痛哭。刘邦封韩信为楚王，以淮北为其封地，都城为下邳。

四面楚歌

项羽兵败时，退回垓下，陷入汉军的重重包围之中。

夜幕降临，汉军营里各处都有人唱楚地民歌，阵阵歌声让楚军将士泪流满面，遥望南方家乡，士气低落。

项羽也是心情惆怅，彻夜难眠。虞姬端来酒菜，哄项羽开心。项羽长叹一声，拔剑而起，慷慨悲歌。

虞姬见状，强颜欢笑，拿过项羽的宝剑，为西楚霸王做最后一舞，随后横剑自刎。

皇帝威严

汉五年（公元前 202 年）正月，天下诸侯率领文武群臣上表，请汉王就皇帝位。西汉王朝从此正式拉开了帷幕。

刘邦初登大宝，位居九五，规矩未定。武将们征战四方，勇冠当时，极为骄霸；文臣心系朝臣礼仪，对大大咧咧的武将颇感不满。

这一日，刘邦大宴群臣。起初诸将恭敬有礼，谁知两杯酒下肚，诸将便满口粗话，与市井流氓无异。再多喝几杯，诸将就大喊大叫，踩在板凳上、蹲在桌子上划拳，甚至拔剑击桌。

有几位不识轻重的，竟然攀上刘邦的龙椅，对刘邦拉拉扯扯，尽说刘邦过去的丑事。见此情景，刘邦脸色凝重。他环视一圈，只见一位峨冠博带的儒生恭敬地看着自己，这个人就是叔孙通，他不仅精通礼仪之事，更擅长察言观色。

叔孙通建议刘邦以礼安天下。叔孙通带领他的弟子在城郊整日演习礼仪，一个多月后，他请刘邦观赏。刘邦觉得不错，便下令群臣学习。

汉高祖七年（公元前200年）十月，大汉的朝臣在长乐宫表演了朝礼，刘邦极为满意，他说："直到今天，我才知道做皇帝的显贵。"随即升叔孙通为通常侍，赏赐黄金五百斤。经叔孙通的礼仪整治，大汉朝廷初见秩序。

⤎ 七国之乱 ⤏

汉景帝刘启登基，窦婴掌管皇后和太子宫中事务，大夫晁错常为皇帝出谋划策，皇帝对晁错言听计从。

晁错建议削藩，满朝文武无人响应，窦婴坚决反对，窦婴和晁错因此有了嫌隙。前元二年（公元前155年），晁错以楚王刘戊在为薄太后服丧期间饮酒作乐为由，请求诛杀。

刘启赦免刘戊，削他东海郡。接着，晁错又借罪削赵王刘遂的常山郡，借胶西王刘卬卖爵之罪，削刘卬的六个县。朝廷削刘戊、刘遂和刘卬的封地之后，吴王刘濞担心被削，准备举兵造反。

刘濞这次造反，共约集了楚王、赵王、胶东王、菑川王、济南王和胶西王。七位封王一同造反，齐声发难，旗号为"诛晁错，清君侧"，史称"七国之乱"。

丞相、中尉和廷尉等高官一起弹劾晁错，说因晁错削藩而引发吴楚七国造反，晁错大逆不道，为臣无礼，为人不义。前元三年（公元前154年）正月二十九日，中尉传晁错上朝见刘启。晁错衣着严整，随中尉坐车，他以为是刘启要与他共商大事。怎料刚到长安闹市，晁错就被踢下车，刽子手大刀砍落，晁错殒命。

晁错被斩，刘启封袁盎为太常，封窦婴为大将军。袁盎、刘通出使吴国，他们要刘濞跪拜受诏，刘濞笑着说："我已经是皇帝了，还要跪拜谁？"刘濞欲让袁盎带兵西进，袁盎不肯。刘濞见招降不成，便命人领五百士卒围困袁盎。袁盎被自己做吴相时的从吏所救，得以逃脱。

此时，刘启大梦初醒，知道七国诛杀晁错是假，抢夺帝位是真，于是立即命周亚夫发兵平叛。

此时，梁国被叛军轮番急攻，梁王刘武忙向周亚夫求援，周亚夫却坚守不出。梁王刘武上书状告周亚夫，刘启下诏命周亚夫解围救梁，周亚夫未发兵救梁，而是亲率骑兵断敌粮道。

吴楚联军的粮道被断绝，梁国难以攻陷，刘濞下令移师直取周亚夫。吴军行至下邑，一连叫阵十几日，周亚夫坚守不出。

吴军缺粮，兵士们有的饿死，有的反戈，追随刘濞的只剩下一小半人。周亚夫率军攻打刘濞，刘濞大败而逃，楚王刘戊兵败自杀。

刘濞兵败，想退守东瓯，便派人以厚礼贿赂东瓯王，东瓯王回复刘濞说，他愿意借军给刘濞。刘濞出城劳军，被东瓯王派人杀了，传报刘启。

栾布击败胶东、胶西、济南和菑川四国，解救了齐国；胶东王、胶西王、济南王和菑川王兵败伏诛，齐王自杀。栾布率军北上，匈奴闻知，撤回漠北。郦寄久攻赵王刘遂不下，栾布兵到，引水灌城，刘遂自杀。一场七国之乱，终于平定下来。

❧ 汉武帝时的成就 ❧

汉景帝病故，年仅十六岁的刘彻即位，是为汉武帝。汉武帝即位之后，积极消除匈奴对北方的威胁。此时，河西走廊还处在匈奴的控制之下，于是，汉武帝决定派人出使西域。

西汉建元二年（公元前 139 年），张骞奉汉武帝之命，由帝都长安出发，出使西域。

张骞先后两次出使西域，打开了中国与中亚、西亚、南亚以及通往欧洲的陆路交通。从此，中国人通过这条通道向西域和中亚等国出售丝绸、茶叶、漆器和其他产品，同时从欧洲、西亚和中亚引进宝石、玻璃器等产品。张骞被誉为"丝绸之路的开拓者"。

汉武帝时，司马迁撰写了一部史书，这是中国历史上第一部纪传体通史，书中翔实记载了上至上古传说中的黄帝时代，下至汉武帝太初四年间的历史。

司马氏世代为太史，司马迁之父司马谈曾任太史令，将修史作为自己的使命，可惜壮志未酬就离世了。司马迁秉承父志，决心完成史著。

太初元年（公元前 104 年），司马迁开始了《太史公书》的创作，这就是后来的《史记》。但是，事出意外，由于李陵战败投降匈奴，司马迁因为其辩护而被捕入狱，处以宫刑，身心受到了巨大的摧残。

出狱后，司马迁任中书令，他继续著史，以其"究天人之际，通古今之变，成一家之言"的史识，历经十四年艰辛，终于完成了这部恢宏著述。

大汉王朝，历经风雨，越发昌明，在一代明君汉武大帝的治理之下，逐渐成为"政治清明，边疆稳固，经济繁荣，国力强盛"的礼仪之邦。

❧ 转守为攻 ❧

汉武帝元光六年（公元前 129 年），匈奴人突袭上谷郡，烧杀抢掠。

武帝派骑兵万人出击匈奴。车骑将军卫青出上谷郡，骑将军公孙敖出代郡，轻车将军公孙贺出云中，骁骑将军李广出雁门。

卫青长驱直入，追击匈奴人直到"龙城"。卫青建此奇功，武帝封他为关内侯。而公孙敖与匈奴交战，折损七千人马；老将李广全军覆没，被匈奴人俘虏，最后逃回汉朝。公孙敖与李广损失惨重，被贬为庶人。

匈奴人遭龙城之辱，不肯罢休，到了秋天就回来报复，汉地各边郡中，渔阳损失最为惨重。汉武帝遂派韩安国主持渔阳军政。韩安国在渔阳捉到一个匈奴俘虏，从他口中得知匈奴大军早已经回到了漠北。

韩安国给武帝上书，现在正是农忙时节，渔阳留七百人即可，剩下回家务农。武帝批准。

不料一个月后，匈奴军队再次来犯。韩安国只有七百人，无法抵挡。汉武帝派卫青、李息两人各率大军分别出雁门、代郡反击，斩杀千余人，大获全胜。贬为庶人的飞将军李广再次得到汉武帝起用，他在右北平一日，匈奴人便不敢进犯。

汉武帝元朔二年（公元前127年），汉武帝又一次派卫青、李息率军出征。汉军一路打到陇西，破掉匈奴楼烦、白羊王两部，斩首数千，得牛羊数百万。这是开国以来，汉朝对匈奴取得的最大胜利。消息传来，举国振奋。

此次出击，汉朝得到了河南之地。河南土地肥沃，又有黄河天险作为屏障，匈奴对长安的威胁大大减弱，汉朝对匈奴亦转守为攻。

❧ 昭宣中兴 ❧

汉武帝在晚年时曾发布《罪己诏》，借此来反省自己穷兵黩武和痴迷于访仙求道的错误，并起用田千秋为相，恢复"与民休息"政策。最后，汉武帝将七岁即位的汉昭帝托付给了大臣霍光。元平元年（公元前74年）四月，汉昭帝驾崩，辅政大臣霍光着手选拔新君。他和皇太后商量，迎立汉武帝之孙昌邑王刘贺为帝。刘贺不争气，刚刚即位就做了很多荒唐之事，当了二十七天皇帝便被废黜。

刘病已，后改名为刘询，是先太子刘据的孙子。霍光考察此人心怀仁慈、志向远大，于是禀报皇太后，将刘询拥立为帝，他就是有名的贤君汉宣帝。

刘询于元平元年（公元前74年）继位，时年十八岁。第二年改年号为本始。由于刘询长期生活在民间，因此对百姓的疾苦和吏治得失比较了解。刘询即位之初，委政于霍光，在霍光的辅佐下，继续遵照"与民休息"的方针制定政策，处理国事。西汉王朝再次兴盛，史称昭宣中兴。

地节二年（公元前68年），霍光病逝。汉宣帝和皇太后念其为汉室立下汗马功劳，厚葬霍光，埋葬在茂陵汉武帝的陵墓旁边。

❧ 王莽篡位 ❧

王莽是汉成帝皇后王政君的侄子，他拜沛郡陈参为师，一心研究《礼记》。王莽博学多才貌似儒生，慷慨乐施，美名远播。永始元年（公元前16年），王莽被封为新都侯，食邑一千五百户。

此后，王莽的官职一升再升，而王莽越发谦卑，不仅对人礼遇有加，还为了赈济宾客散尽自己的好马香车，搞得家徒四壁。王莽声名日隆，在

朝者竞相举荐他，在野者互相夸赞他，他的美誉远远超过自己的伯伯、叔叔。

绥和元年（公元前 8 年）十一月，时年三十八岁的王莽被封为大司马。王莽一如往昔，不但不骄傲，反而越发谦卑。身居高位，内孝外贤，行止有礼。绥和二年（公元前 7 年）三月十八日，汉成帝刘骜驾崩，时年十九岁的刘欣坐上皇位。

汉哀帝刘欣在位七年去世，其堂弟刘箕子登基，太后王政君临朝听政，王莽总揽朝廷事务。

第二年，王莽用白野鸡祭祀太庙，人们马上迎合王莽，说王莽功勋盖世，应该被封为公爵。王太后封王莽为安汉公，增加采邑二万八千户。

刘箕子九岁登基，十四岁驾崩，王莽选了两岁的刘婴为皇太子。至此，王莽之心，天下皆知。刘氏子弟率先讨伐王莽，但不久就被王莽平定了。

初始元年（公元 8 年）十一月，王莽前往刘氏太庙祭祀，接受加冕典礼。接着，王莽颁布诏书，说祥瑞接连出现，预示他将登基称帝。

没过多久，王莽登基称帝，建立新朝。王莽称帝后，天灾不断，人祸不止，民不聊生。天凤四年（公元 17 年），发生饥荒，荆州尤其严重。百姓与其饿死，不如奋力一搏，于是纷纷起义，涌向长安。

知识拓展

刘骜选太子

汉成帝刘骜体弱多病，他准备从两个王中选一个册立为太子。一个是中山王刘兴，一个是定陶王刘欣。刘兴是刘骜的兄弟，刘欣是刘骜的侄子，他们都是刘骜最亲近的人。

诸侯王前来朝见，朝见期间，刘骜暗中考察刘兴和刘欣的才能。刘欣无论大事小事、一言一行都深合刘骜心意。刘欣能将刘骜最喜爱的《诗经》倒背如流，刘兴却是什么都不懂。

刘欣吃饭时斯文有礼，举止得当，刘兴却狼吞虎咽。退席时，刘欣懂得让刘骜先走，刘兴却直冲猛闯。更令刘骜生气的是，刘兴的袜带松了，大半截拖在外面还满不在乎。

最后，刘骜册立刘欣为太子，同时为了安慰刘兴，多给了他三万户采邑。

东汉卷

汉室的复兴与衰落

∽ 创立东汉 ∾

　　刘秀是汉高祖刘邦的第九代孙，祖上可以追溯到汉景帝所生的刘发。刘发这一支传到刘秀已经败落。刘秀的父亲刘钦是个小官，待他去世，全家顿时陷入食不果腹、衣不御寒的困苦境地。幸好刘秀的叔父刘良家中尚有几亩薄田，刘良便收养了刘秀和他的哥哥。

　　天凤年间，精通《尚书》的中大夫庐江人许子威在长安开馆讲学。

刘秀卖了一些粮食和其他财物，与家乡志同道合之士凑钱买了一头驴，驾着驴车来到长安。

王莽新朝中，有位精通卜算之术的人叫刘歆。刘歆为人奸诈狡猾，对王莽卑躬屈膝，他对未来的时局进行推演，惊奇地发现，未来数十年，刘氏再次受命于天，而那个顺天应命的人的名字就叫刘秀。

一个名叫李通的人来找刘秀。因为李通的父亲李守得到一个谶语，叫"刘氏复兴，李氏为辅"，李通自此便追随刘秀。

南阳大旱，饿殍遍野，刘秀将家中的粮食全部运到县城变卖。此事被官吏知晓，不经查实，便定了他的罪，刘秀被关进了大牢。

刘秀旧时的朋友樊晔是县里的一个小官吏，他花了一些钱，把刘秀救出来。李通劝说刘秀举兵造反，刘秀决定起事，在城中购置弓箭武器招兵买马。刘秀找了新市、平林军的绿林首领王匡、陈牧等人，与其达成起兵协议。

地皇三年（公元22年）十月，刘成、刘秀兄弟与李通及其堂弟李轶等人正式起兵，这年刘秀二十八岁。一分耕耘，自有一分收获。刘秀率领众豪杰，历经十四年的不懈努力，终于将天下再次归于一统，开创了延绵二百多年的东汉皇朝统治。

之后，汉光武帝刘秀励精图治，整肃官吏，优待功臣。他大兴文化、推崇气节，还特别注重让百姓休养生息，恢复和发展经济。建武中元二年（公元57年）二月，刘秀在南宫前殿逝世，享年六十二岁。刘秀半世戎马、辛苦经营打下来的江山，传到了太子刘庄的手中，延续着汉室基业。

宫中剧变

到了汉灵帝末期，汉室已经岌岌可危。为了维持时局，汉灵帝亲手组建了一个以"西园八校尉"为核心的卫戍部队，任命"壮健而有武略"的小黄门蹇硕为上军校尉，统率部队，并且在弥留之际嘱以刘协为帝。中平六年（公元 189 年），昏庸的汉灵帝结束了他的一生。

蹇硕几次三番发动对何皇后和她的哥哥——大将军何进的袭杀。汉灵帝的灵枢停放在殿中，蹇硕便命人在灵枢四周密布伏兵，等何进入殿拜奠时，就乘机动手将其杀死。

然而，蹇硕的计策被属下泄露。何皇后马上下令，封锁禁宫，同时与何进一起勒兵入宫，升朝议政，宣布立十四岁的皇长子刘辩为皇帝，史称后少帝。何皇后以太后身份临朝，何进与太傅袁隗辅政。

何氏兄妹不久又拉拢了袁绍、袁术，使其军权、声望都达到顶峰，权力日益膨胀。

袁绍用几十年休养生息，天赐良机，他要和宦官阉党一决雌雄。袁绍建议召西凉董卓入朝，以"清君侧"之名讨伐宦官，进而胁迫何太后。袁绍的建议遭到了曹操的反对。他说，对付宦官，一个法官就行了，这样引狼入室，恐非天下之福。

何进的密谋被宦官们知道了，他被诱进皇宫杀死。

袁绍率领禁卫军纵火焚烧宫门，攻入皇宫，对宦官进行屠杀。有些年纪较长的洛阳百姓，因为没有留胡须，也被误会是宦官，遭了灾祸。

宦官张让等人惊慌失措，裹挟何太后与少帝刘辩、陈留王刘协一起逃往北宫。数十人步行出谷门，入夜后到达小平津。尚书卢植等人追至黄河岸边，遇到少帝一行。张让知道死期已到，向少帝拱手再拜，并叩头辞别，随即投河自尽。

宦官专权时代到此结束，东汉王朝也即将走到尽头。

❧ 汉室落幕 ❧

建安五年（公元 200 年），董卓专权，汉献帝在暗中用衣带写下血诏，号令天下诸侯勤王讨贼。天下英雄纷纷为天子讨逆。

建安十八年（公元 213 年）五月，汉献帝册封曹操为魏公。自此，曹操手中的权力得到了稳固。建安十九年（公元 214 年），皇叔刘备已占据西川，汉献帝听闻后，便和宫人暗自庆贺，以为汉室中兴之日不远。

建安二十四年（公元 219 年），刘备自立为汉中王，第二年，曹操去世。他的儿子曹丕逼迫汉献帝禅让帝位。汉献帝被迫告祭祖庙，使张音奏玺绶诏册，禅位于曹丕。曹丕在繁阳亭登上受禅坛，接受玉玺，即皇帝位，国号为魏。汉帝国就此消亡。历史的脚步不会停止，两汉四百年兴亡史，给后人留下了无尽思考。

知识拓展

才女班昭

班昭一家，满门英豪。其兄班固修《汉书》，班超定西域，其父班彪亦是学富五车，才通天人，是不折不扣的一代文豪。

班昭自己也是文采斐然，受到当时有识之士敬重。朝中邓太后素来喜爱文辞笔墨，便诏班昭入宫，拜为百妃之师。

班昭十四岁嫁给同郡曹世叔为妻，所以人们又把班昭叫作"曹大家"。班固修史尚未结束，便受到窦宪一事的牵连，冤死狱中。班昭在班固和自己过去研究的基础上，继续完成著作。此事亦受到汉和帝的大力支持，特别恩准她去东观藏书阁参考典籍。苦心人，天不负，班昭年近不惑时终于完成《汉书》。

她在修史期间，亦担任邓绥太后之师，为其出谋划策。邓太后权倾天下，朝中诸事皆要由其定夺。班昭以其师之尊得以参与机要。

每次太后有疑难之时，或有悬而不决之事，便会请班昭为其谋划。

一次，邓绥的兄长邓骘因为其母亲过世，便向邓绥请求，归去故里为其母亲守孝。如若让邓骘回去守孝三年，则国之大事必定会被耽误，宵小之徒也必定会趁机牟取太后权位。邓绥担心哥哥一旦离开，自己多年苦心孤诣稳固下来的江山，就会被人侵蚀。

邓绥犹疑不决，急忙命令左右前去恭请班昭，问策于她。

班昭说："大将军功成身退，太后准其离去，为母尽孝，方为上策。"邓太后深感此话有理，便准了其兄的要求。此一事，足见班昭的才华与智谋，亦可见邓太后对班昭的信任。

班昭年逾古稀而逝。皇太后亦为班昭素服居丧。班昭的儿子曹成也因为母亲的功绩而被封为关内侯，官至齐相。

三国卷
三分天下

❧ 诸侯讨董卓 ❧

黄巾起义爆发后，东汉政权一片混乱，来自陇西的军人董卓逐渐控制了朝廷。

曹操当时是典军校尉，他见董卓倒行逆施，不愿与其合作，就改姓易名逃出了京师。

曹操逃出京师后，一路东归，来到了成皋县。成皋县里有他的故人吕伯奢，曹操到他家去借住一夜。正巧吕伯奢不在家里，招待曹操的是吕伯奢的五个儿子。当时曹操是背着董卓出逃的，因此他担心这五个人会不安好心，将自己的行踪报告给董卓，所以曹操时刻保持着警惕。

到了夜里，曹操忽然听见外面响起了磨刀声，还有铁器相撞声。曹操大疑，觉得一定是吕家子要谋害自己，因此二话不说拿起剑，冲出房去将所见之人尽皆杀死。待到发现原来这些是食器发出的声音时，曹操自责不已。然而大错已成，无可挽回，曹操因此安慰自己说："宁我负人，毋人负我！"于是带着满腔悔意而去。

曹操最后逃到了陈留，他将财产尽数拿出，又得陈留孝廉卫兹的钱财赞助，于是在陈留召起了义兵，合五千人左右，正式起兵讨伐董卓。

当时的曹操并不是孤军奋战，在曹操举兵之时，时任东郡太守的桥瑁就已假借朝廷三公名义，书写董卓的罪状，向各州郡发出兴兵讨伐董卓的号召。诏令传至各州郡，各路英雄纷纷起兵，打出了讨董的旗号。

各路军团举旗表态后，正月正式组成联盟，称关东（汉末时指函谷关以东）军。推举袁绍为盟主，袁绍由是统领关东军。

关东军当时声势浩大，乍听之下大有席卷天下的力量，所以其成立的消息传到洛阳时，朝野上下一片震惊。而董卓面对如此巨大的威胁，先是逼已经被废为弘农王的汉少帝喝毒酒而死，又杀死了袁隗等五十多个袁氏族人，随后将汉献帝和洛阳百姓迁至长安，自己则屯驻洛阳对抗关东军。

关东军势力虽大，但彼此之间互相猜疑，无法团结一致，对董卓更是有所顾忌，不敢轻易进军。因此关东军除了名号上吓人，实际跟一盘散沙没有两样。关东诸军名义上是讨董，实际上各自心怀鬼胎，伺机发展自己的势力。不久，诸军之间发生摩擦，联军至此解散。

后来，司徒王允施展反间计，董卓被部下吕布杀死。

❧ 曹操大权在握 ❧

曹操在讨伐董卓的时候，势单力薄，败于徐荣，手下士卒死伤很多，曹操自己也身中流矢，只好带兵撤退，逃回了后方招兵买马，再等时机。

后来，曹操打败并接收了黄巾军降卒三十余万，把其精锐组成军队，号称青州兵，实力大大增强。又战败吕布。

这时候，汉献帝因李傕、郭汜的火拼，从长安回到洛阳。

汉献帝抵达洛阳之后，曹操在许昌谋迎天子。荀彧举了"晋文扶周襄而霸"和"汉高借义帝而王"两个例子，说明汉献帝这个招牌虽破，但仍不失为招牌，迎天子则为"大顺""大德"之举。曹操立即派遣曹洪率兵西迎天子。这样，前后不到五十天，汉献帝便落入曹操的掌控之中。

迁都许昌后，曹操便对当时朝野中颇有名望的三公发难，罢免了太尉杨彪及司空张喜，任命自己的亲信荀彧为侍中，授尚书令。

当曹操迎汉献帝的时候，前次拒绝挟天子以令诸侯的袁绍方觉不平。曹操于是对袁绍采取软硬兼施的政策，先以汉献帝诏书的名义责备袁绍，袁绍不得不反复上表自辩。尔后，曹操又以汉献帝名义拜袁绍为太尉，封邺侯。其时，曹操已是大将军，袁绍以位居曹操之下为耻。曹操深知此时自己尚不能与袁绍抗衡，因此拜袁绍为大将军，兼都督冀、青、幽、并四州。

这一年冬天，曹操自为司空、车骑将军，至此，曹操掌握天下大权。曹操将屯田作为一项国家政策并付诸实施。屯田的广泛实行，不仅解除了中原一带的粮荒，并且极大地支援了曹操日后的战争。

❧ 袁绍不可惧 ❧

袁绍在收编了公孙瓒的残兵后，并州、幽州、冀州、青州尽在其囊中。随着实力的增强，袁绍的野心也膨胀起来。他本来想称帝，但一看反对的架势比较大，便不了了之了。称帝不成，袁绍便把注意力集中在曹操身上，袁绍大范围调遣军队，整装待发。而此时的曹操，正因刘备占据徐州而率领大军征伐，后方空虚。

这真是一个千载难逢的机会。袁绍攻打许都之心早就有之，特别是见曹操挟天子以令诸侯，更是艳羡不已。但是这时候，袁绍最宠爱的小儿子袁尚病重，袁绍的心乱了，整日守在其病床边，全然忘记了领兵出征之事。等他将家事处理好，重提攻打曹操之事，军中却分化成了保守派和主战派两大阵营。保守派的战略是耐心，认为不出三年，就可以具备将曹操剪灭的实力。

　　袁绍野心大，等不得。曹操攻打徐州，刘备毫无抵抗之力，只能丢弃家眷狼狈而逃，投奔了袁绍。刘备对曹操的军事情况了若指掌，袁绍便急于出征，十几万大军气势汹汹而来。

　　曹操全部兵马仅仅两万有余，敌强我弱，袁绍势力让人心惊胆战，另外袁绍筹备多时，手下人才济济，打败袁绍真是难如登天。当探得袁绍的军情，曹营之中弥漫着浓厚的恐惧气氛。

　　荀彧、郭嘉与贾诩却不以为意，荀彧、郭嘉都是出自袁绍的阵营，对袁绍的性情是一清二楚。这三人列举了一系列理由，认为袁绍不可惧。曹操听罢，积极备战，建好防御工事的同时占据险要地带，不久，就在黄河沿线筑成防守体系。

　　一场战争一触即发。建安五年（公元 200 年），曹操军与袁绍军相持于官渡，在此展开战略决战。曹操奇袭袁军在乌巢的粮仓，以弱胜强，继而击溃袁军主力。此战奠定了曹操统一中国北方的基础。

知识拓展

吕布之死

　　杀了董卓以后，吕布不久被董卓旧部击败，逃离长安。他趁曹操攻打陶谦时与陈宫等人攻进兖州，占据濮阳，与曹操血战两年，最终被曹操击败。吕布转而去依附徐州刘备，又趁刘备与袁术作战时袭取了徐州。

　　建安三年（公元 198 年），吕布遣将击败刘备与夏侯惇后，曹操决定主动出击，亲自带兵征讨吕布。曹操率领主力一路西行，与刘备

会合，准备给吕布意外一击。

曹操先命人切断吕布与外援势力的联系。刘备又率军切断袁术与吕布来往的路线。吕布被彻底孤立。吕布连失萧关与沛县两座城池后，只好与陈宫逃到下邳。下邳随即被团团围住。

吕布无计可施，整日与妻儿吃喝玩乐。曹操看久攻不下，粮草已不能供应，便采取了荀彧的劝降之策。吕布面对无可奈何的困境，很想低头，陈宫却坚决不同意。

下邳城内，粮草眼看用完，士卒人心惶惶。这日，对吕布颇有积怨的侯成发动叛乱，宋宪、魏续率兵响应，投降了曹操，不多时，陈宫与高顺也被抓。吕布成了光杆司令。他登上白门楼，放眼望去，曹兵无数，插翅难逃。吕布长叹一声，打开城门投降。

素闻曹操爱才，吕布请求免其一死，愿为曹操效犬马之劳。曹操欣赏吕布的勇武，打算留为己用，刘备却将其恶行一一细数，认为其随时会反叛，曹操于是命人将其缢死，三国第一猛将退出了历史舞台。

统一北方

官渡之战以后，袁绍忧愤而死，袁氏家族起内讧。曹操见刘备投奔刘表，想先将袁绍残余势力收拾妥当，便没有去招惹刘表，暂且放了刘备一马。

袁绍死后，审配伪造遗嘱，将袁绍第三子袁尚推上了正位。原指望继位的袁谭气愤不过，自封了个车骑将军，率兵把守黎阳前线去了。

曹操进攻黎阳，袁谭和袁尚被迫联手，两军僵持了半年，城墙被攻破，兄弟二人逃到邺城，曹操担心落入内外夹击的境地，就退兵了。

曹操退兵后，袁谭与袁尚两兄弟的矛盾浮出水面，袁谭联合曹操，袁尚战败，只得往幽州投奔二哥袁熙去了。曹操打下邺城，占领冀州，后来又杀了袁谭。

曹军凯旋，曹操将青州事宜安排妥当，便将矛头对准了幽州的袁熙与袁尚。曹操这边还未动手，幽州就起了内讧。袁熙的手下焦触、张南二人因遭袁熙训斥，怀恨在心，又见袁氏穷途末路，便攻袁熙于不备。袁熙、袁尚被打了个措手不及，不敌，便投奔乌桓去了。

乌桓单于蹋顿曾经派兵助袁绍打败公孙瓒。袁家二兄弟企图借蹋顿的力量重整旗鼓。这样，北边局势在乌桓与袁氏二兄弟的煽动下，动荡不安，曹操心中也颇不安宁。

曹操决心讨伐乌桓，他采纳郭嘉的建议，轻装前进，攻了敌人一个措手不及。蹋顿与袁氏聚拢了万余人，人数上倒是占了优势，然而因为是仓促迎战，军中又多是乌合之众，士气不足，军队纪律涣散。

曹操任命张辽为先锋，曹军英勇厮杀。蹋顿率领一群毫无纪律的联军，片刻便被冲散。蹋顿、袁家二兄弟一看形势，再不做抵抗，策马逃跑。曹操率领士卒追击逃兵。蹋顿被曹操部下斩首，袁氏二兄弟率领千余骑往辽东郡奔去，投奔了那里的太守公孙康。

曹操在辽西一战中大获全胜，便班师回朝了，公孙康一看曹操的威胁解除，而袁家二兄弟却成了当前真正的威胁，引狼入室，后患无穷。公孙康趁袁熙、袁尚不防备，将这二人的头砍下，送给曹操。曹操礼尚往来，任命公孙康为左将军，并加封襄平侯，如此一来，辽东也纳入了曹操的管辖范围。曹操完成了统一北方的大业。

❧ 赤壁之战 ❧

孙策身亡后，其弟孙权临危受命，继承父兄大业，成为江东新主。

这时候，曹操已经占领荆州，准备渡江东侵。孙权决心抗曹，授权周瑜，让他主持战事。刘备也决定与孙权联合，共拒曹操。

因为胜利来得太快，曹操渐渐滋生了傲慢轻敌的情绪，过高估计了自身的实力。他以狂妄自大的口气给孙权送去招降信，进行威慑。

孙权准备破釜沉舟，与曹操一争高低。他调兵遣将，凑足三万人马，将粮草船只准备妥当。曹操送去招降信，迟迟不见回音，听说孙刘联军已经出发西进，曹操心有不甘，他头脑发热，谁的忠告也听不进去，誓要踏平江东。

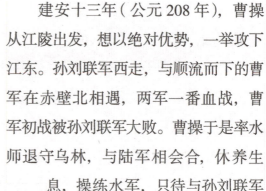

建安十三年（公元 208 年），曹操从江陵出发，想以绝对优势，一举攻下江东。孙刘联军西走，与顺流而下的曹军在赤壁北相遇，两军一番血战，曹军初战被孙刘联军大败。曹操于是率水师退守乌林，与陆军相会合，休养生息，操练水军，只待与孙刘联军再决胜负。

曹军因长途劳顿，不习水战，水土不服，更因疾病流行而无精力作战。长江水流湍急，船只颠簸，况且是在船只中作战，让北方来的士卒难以适应。曹操

为此令士卒将船只首尾连接，以此加强船只的稳固性，也便于训练士卒。

在这种条件下，周瑜毒打黄盖，上演了一出苦肉计，黄盖诈降曹操，趁机发动火攻。装满干草与膏油的船只，借着东南风之势，越烧越旺，横冲直撞而来。曹军见此慌乱不已，船只首尾相连，一时之间根本无法分散，被点燃的船只，一艘延及一艘，火光冲天，人声鼎沸。

其后，周瑜率领水军跟随，曹操见大势已去，只好引兵后退。而后方，周瑜与刘备联军水陆并举，一路追杀，这样一来，曹军死伤众多，有一半之余。

赤壁之战后，曹操不得不退回北方。刘备迅速在荆州扩展自己的地盘。对孙权来说，赤壁之战的胜利，让江东摆脱了一次严重的危机，更加巩固了孙权对这一地区的控制。赤壁之战开创了三分天下的局面，一个崭新的时代诞生了。

～ 汉中之战 ～

刘备取得益州后，曹操非常担心刘备凭仗益州天险，再攻破张鲁，取得汉中，从此难以收拾。汉中是益州的屏障，也是进军中原的唯一出口，这块军事险塞，曹操垂涎已久。

曹操如果趁刘备整顿益州内政的机会攻打汉中，那么，张鲁没什么才智，又无外援，定然难以抵挡。取得汉中，则掐住了刘备出入的咽喉，刘备只能偏居于成都，更可进而作为夺取益州的前哨。先下手为强，曹操决定，亲率大军攻取汉中。

经过几个月的军事行动，张鲁从巴中率领残部投降，曹操返回邺城前，任命夏侯渊为都护将军，率领张郃、徐晃等人守卫汉中。

法正见曹操不在汉中，就建议刘备趁着这个良机，发动大军讨伐，定可一举夺得汉中。刘备觉得很有道理，就开始着手准备进军汉中事宜。

刘备先派出吴兰、张飞、马超等将进攻下辨并且占领下辨，曹洪在曹休的建议下，趁蜀军兵力尚未集结的时候袭击下辨守将吴兰，吴兰等人战死，马超、张飞于是退走。

刘备又派遣将领陈式去攻打马鸣阁道，打算断绝汉中与许都的联系，但被大名鼎鼎的猛将徐晃击败，死伤甚多。

刘备亲自率军停留在阳平关，与夏侯渊、张郃相拒。双方对峙将近一年后，刘备南渡沔水，在定军山扎营，夏侯渊率军来抢定军山。正在夏侯渊率领几百曹军精兵修复鹿角的时候，黄忠乘着地势高，鼓噪大喊，一战就将夏侯渊斩杀。

夏侯渊军队因为丧失了主帅而迅速溃败，郭淮等人推举张郃暂时统领汉中诸军，驻守阳平关。三月，曹操率领大军抵达汉中地界，将数千万囊粮草搬运到北山囤积。刘备在山上扎营，固守不战，与曹操对峙。

刘备派人到成都让诸葛亮调来几近全部的留守兵力支援，尔后赵云率军在北山击溃曹军，扭转了汉中刘备军与曹操军僵持不下的战局。曹操撤出汉中。汉中之战以刘备的胜利而结束。

刘备精心物色了魏延督汉中军事，帮他紧紧守住益州的门户。等到汉中人心安定，刘备便安心返回成都，自立为汉中王。

∾ 曹丕受禅 ∾

汉中之战以后不久，曹操就死了。世子曹丕继承了魏王之位，使曹操去世引发的混乱很快安定下来。

曹丕即位后，在很短的时间里，接连展开更改年号、提拔亲信、封赏有功三项大事，使得自己的地位初步稳固。然而，曹操的众多儿子仍然

让曹丕感到莫大的威胁，其中尤让曹丕担心的便是曹植。曹丕很快发布了一道严厉的命令，各诸侯全部回到封国，没有诏命不许回邺城。

曹丕的魏王地位越来越稳固，西域诸国、北方匈奴都前往邺城朝贡恭贺。此时的曹丕志得意满，他越来越看不惯身边傀儡一样的汉献帝。

在曹丕逐步推动汉献帝让位前，天下突然出现不少祥瑞事件。谯县有黄龙现身，有的县报告有白雉出现，有的地方报告有凤凰聚集。这些珍禽异兽都是吉祥的征兆，于是，朝野之上纷纷传扬，国家将有大喜事。经过一番紧锣密鼓的铺垫后，好戏正式上演。汉献帝禅让帝位，曹丕装模作样地谦让几番后，欣然接受，在受禅台上完成了登基大典，称帝代汉。

知识拓展

七步成诗

传说，曹丕嫉恨曹植，便命令曹植在大殿之上走七步，然后以"兄弟"为题即兴吟诗一首，但诗中却不能出现"兄弟"二字，成则罢了，不成便要杀了他。曹植不假思索，立刻脱口而出："煮豆持作羹，漉菽以为汁。萁在釜下燃，豆在釜中泣。本自同根生，相煎何太急。"

这就是有名的"七步成诗"。曹丕听了以后感怀泪下，没能下得了手，只是把曹植贬为安乡侯。

刘备建国称帝

汉献帝禅让帝位，曹丕称帝后，并没有毒害汉献帝。相反曹丕用河内郡山阳县一万民户奉养汉献帝，尊其为山阳公，允许他依旧使用汉朝历法，用天子礼仪进行郊祀，汉献帝的四个儿子也被封诸侯。

面对曹丕的行为，刘备隐约觉得，他自己征战多年，天下闻名，又是中山靖王之后，似乎可以成为汉室的新代表，荣登帝位。只是这话刘备不好说出口。

刘备虽然没说出他要称帝，底下的百官却忙活开了。刘备手下的臣子们清楚，刘备如果在曹丕代汉的时刻称帝，最合适不过，而他们也将随着刘备身份的变化，加官晋爵。如此划算之事，何乐而不为呢？于是，在诸葛亮等人的操持下，安排刘备称帝的部署逐渐展开。

益州各地陡然间到处都有祥瑞，每天每月，不断有人向朝廷报告某处又出现祥瑞。百官开始正式上表，请求刘备称帝。

刘备看到群臣的上表，心里美滋滋的。此时的刘备，已年过花甲，按照当时的平均寿命来算，已属长寿之人，再不过把皇帝瘾，只怕再没有机会了。魏黄初二年（公元 221 年），刘备在成都称帝，仍定国号为汉。

夷陵大败

刘备称帝前，孙权攻取荆州，杀害关羽父子，让刘备的愤怒难以言表，誓要攻伐江东。

只是，称帝大典暂时拖住了刘备冲动的步伐。称帝后，他彻底解除羁绊，不顾北方曹丕的虎视眈眈和孙刘的结盟，决定倾全国之兵讨伐孙权。诸葛亮和很多大臣上书阻止刘备出兵，都被刘备否决。

其实，刘备不顾百官拦阻，坚决要攻打孙权，为关羽复仇固然是起兵的一个原因，更重要的是，刘备想夺回荆州以及为弱小的儿子刘禅扫除威胁。

就在刘备发布军令的时候，张飞的部下因为张飞暴虐寡恩，杀了张飞后投降孙权，愤怒到极点的刘备将害死张飞的这笔账也算到了孙权头上。

刘备挥兵攻打东吴孙权，气势强劲。孙权求和不成后，一面不顾自己的身份向晚辈曹丕称臣，一面任命陆逊为总指挥率军应战。陆逊与刘备相持七八个月，破坏了刘备倚恃优势兵力企求速战速决的战略意图，蜀军将士逐渐斗志涣散。

当时正是炎夏季节，气候闷热，而蜀军的营寨都是由木栅筑成，其周围又全是树林、茅草，一旦起火，就会烧成一片。决战开始后，陆逊即命令吴军士卒各持茅草一把，乘夜突袭蜀军营寨，顺风放火。霎时间火势猛烈，蜀军大乱。陆逊乘势发起反攻，打败了蜀军。

夷陵之战的惨败是蜀汉继关羽失荆州后又一次实力大损，江东得到了暂时性的胜利。然而，经此一战，鲁肃一生致力实现的孙刘联盟关系却也进一步恶化了。另外，夷陵之战大大地削弱了孙刘双方的实力，由此看来，这一场战争的最大受益者是曹魏。

孔明北伐

夷陵之战，刘备惨败，狼狈撤回，不久就病死了。

诸葛亮在刘备逝世后，受托辅助后主刘禅，无论内政外交，都躬身力行，使得夷陵之战大败后受损的国力渐渐恢复。后南征孟获，平定了南方乱事，至此，内部和外部环境已平静许多，诸葛亮看北伐时机已然

成熟，就上书《出师表》，驻扎汉中，准备北伐。

蜀汉大军分两路出发，一支作为疑兵佯攻魏国关中地区，诸葛亮自领主力直达陇右一带。魏国事先毫无防备，诸葛亮率大军突然杀来，陇右五郡中有三郡投降了诸葛亮。

消息传到魏国，朝野恐惧。这时候，魏明帝曹叡已经即位，他亲自到长安坐镇，派张郃率军五万前往抵抗诸葛亮。

街亭是关陇大地的咽喉，是双方必争之地，诸葛亮必须派出一员将领去守住街亭这个军事重地，然而他却找了一个从未上过战场的马谡。

可是马谡实在自大，居然异想天开，放弃诸葛亮的安排，不去坚守渭水，而是让出了渭水和祁山之间的大片平地，然后退至后面的祁山上防守。副将王平见马谡如此安排，非常吃惊，一再劝阻马谡依渭水而守。但马谡死守兵法教条，不听王平的劝阻。

张郃果然率军将马谡包围在山上，派人切断汉军水源。汉军因为缺水而陷入内乱，马谡弃军逃亡。张郃乘势进攻，汉军大败，街亭失守。只有王平领着千人，鸣鼓自守。而张郃又怀疑汉军有伏兵，不做追击。于是王平集合分散的军队，向诸葛亮大军处撤退。

面对街亭失守，诸葛亮深知此次北伐不能成功了，只好引兵退回汉中。诸葛亮挥泪斩马谡，第一次北伐就这样无功而返。

后来，诸葛亮又多次北伐，对魏战争期间虽然也有所斩获，但因为双方实力有差距，诸葛亮没能实现"兴复汉室"的目标，而他本人也在最后一次北伐中病亡于五丈原前线。

高平陵事变

魏明帝曹叡死后，养子曹芳登基。曹爽与司马懿共同辅政。

二人争权夺利，矛盾越来越尖锐。司马懿渐渐被架空，很多政事都不能参与，于是便称病回避曹爽，韬光养晦，等待良机。

曹爽等人看司马懿回府休养，不问世事，于是加紧了篡权的步伐。

正始十年（公元249年），司马懿趁曹爽陪曹芳离洛阳至高平陵扫墓，起兵发动政变并控制京都。

曹爽派人去见司马懿，探听动静。司马懿又指着洛水发誓，说朝廷只是免去了曹爽的官职，只要曹爽来请罪就可以免死云云。曹爽听了心中窃喜。桓范等人援引古今，劝谏他不要轻信司马懿的允诺，从晚上一直劝到第二天黎明。劝到最后，曹爽失去耐心，把刀扔在地上，说："即使投降，我仍然不失为富贵人家！"

曹爽这样轻易交出印绶之后，司马懿随即以谋反的罪名，杀了曹爽及其党羽。至此，曹魏的军政大权完全落入司马懿的手中，为司马氏取代曹魏奠定了基础。

∽ 蜀汉灭亡 ∽

司马氏经过高平陵政变掌握了魏国的政权，到司马懿的儿子司马昭时，曹姓皇帝已名存实亡，形同虚设。

蜀汉炎兴元年（公元263年），司马昭命镇西将军钟会率兵十余万自长安出发直取汉中；征西将军邓艾率兵三万余进攻沓中，以牵制蜀将姜维；雍州刺史诸葛绪率兵三万余，由祁山进驻武街，伺机占领阴平桥头。

魏国大军压境，姜维兵回剑阁，在此顽强抵抗。邓艾想出了一条计策，便是巧渡阴平，直取成都。

姜维的军队还留在剑阁，突然获悉绵竹失守，接着又听说，后主刘禅正固守成都，但也有人说后主投奔东吴去了，还有人说后主已经南下了，搞得姜维一头雾水。姜维害怕两头受袭，于是决定撤到巴西境，在途中接到投降的诏书。"将士咸怒，拔刀砍石。"军令如山，姜维只好奉诏投降。邓艾进驻成都，蜀汉就此灭亡。

❧ 晋朝开国 ❧

咸熙二年（公元265年），司马昭病死，司马炎继承了父亲的晋王之位。司马炎很想做皇帝，他曾派人劝说魏帝曹奂早点让位。曹奂有自知之明，不久下诏书让位。于是该年，司马炎接受曹奂的皇位称帝，国号晋。

司马炎虽坐上了皇帝的宝座，但他并没有放松警惕，因为他明白现在仍是危机四伏。

从内部看，曹氏家族遭到了司马氏家族的残酷屠杀，司马氏的残忍让大臣们心有余悸。另外，司马氏毕竟是篡夺了曹氏政权，在心理上还是有所顾忌的，这成为司马炎长期横亘在心中的阴影。

从外部看，蜀汉已灭，东吴虽小，仍不可轻敌，东吴一天不灭亡，司马炎就一天不得安心。司马炎下一步计划就是吞并东吴，完成统一大业。灭吴之前必须巩固政权，司马炎因此实施了一系列的措施，巩固中央政权，与此同时，对东吴采取怀柔政策。

司马炎为了稳固政权，首先安抚曹氏和投降过来的汉国旧臣。司马炎下诏让陈留王曹奂保留天子的礼仪制度，不向司马炎称臣。后来曹奂死后，司马炎追尊他为元皇帝。司马炎赐刘禅子弟其中一人为驸马都尉，第二年又解除了对蜀汉宗室的禁锢。这些收买人心的措施，不仅解除了内患，也消除了司马家族的心理阴影。

ᴥ 三国归一 ᴥ

东吴末代皇帝孙皓为政残暴，失去民心。晋国实力强大，司马炎以消灭孙吴为目标，在政治、经济和军事上采取了一系列措施，重点之一就是编练水军。

西晋灭蜀汉之后，已经占据了长江上游地区，只要有良好的水军，顺江而下，便可取下东吴。

王濬受命打造战船，训练水军，治水军数万人，远远超过了东吴。晋军的弱点得以克服，实力大为增强。提高了军事战斗力，也就为晋军"水陆并进"灭吴创造了条件。

在长期准备之后，咸宁五年（公元 279 年），晋军兵分六路，水陆并进，大举攻吴。同时王濬率领水军从长江上游顺流而下。

晋军势如破竹，王浑、王浚和司马仙等各路大军逼近建业，吴国司徒何值、建威将军孙宴等见大势已去，不想再战，干脆交出印信符节，前往晋军前投降。吴主孙皓见自己内部已分崩离析，便采用薛莹、胡冲等人的计策，分别请降于王浑、王浚、司马仙，企图挑唆三人互相争功，引起晋军自相残杀，但是计划没有成功。次年，王濬攻入建业。

东吴曾为防御晋武帝的讨伐在长江拉起铁链以阻挡王濬的楼船。但王濬用麻油火炬将铁链融化，使千寻的铁链沉入江底。建业城破，一片"降幡"插在了石头城上，吴主孙皓投降。

至此，东吴政权宣告灭亡，三国时代彻底结束。

三顾茅庐

刘备曾经听说诸葛亮有"经天纬地之才"，打算将诸葛亮纳入自己麾下。他为图霸业，求贤若渴，决定亲访。

诸葛亮十五岁时跟随叔父诸葛玄到荆州避难，后来就结庐隆中，过着半耕半读的日子，已经在隆中生活了十年。

出于对诸葛亮才华的赏识，刘备与关羽、张飞带着厚礼，往隆中卧龙岗去拜见诸葛亮。只是，天不遂人愿，前两次诸葛亮都不在。刘备坚持第三次入隆中拜访诸葛亮。皇天不负有心人，诸葛亮终于在家了。刘备与关羽、张飞在外等候，直到诸葛亮睡午觉醒来。

诸葛亮被刘备的精诚之心打动，二人促膝长谈，诸葛亮见刘备心怀天下苍生，是个明主，毅然决定出山辅佐他。

这一年刘备已四十九岁，诸葛亮仅二十七岁。诸葛亮为刘备献上了整个成就霸业的路线。

西晋卷
短暂统一

❦ 天下太平的十年 ❦

孙皓投降后，东吴亡了，蜀国早就没有了，西北的战事也得到平息。四境安定，司马炎就出台了一个法令，让各州解除武装，在全国范围内开展大裁军的举动。大一点的郡保留一百个当兵的官，小一点儿的地方就随便保留一点儿，剩下的都直接回家种地。不仅如此，司马炎还撤去将军的名号，规定已经封为将军的人以后没有领兵的权力。

当兵的少了，当农民的自然就多了。连年征战导致大量土地荒芜，需要大量的劳动力种地，司马炎此举很好地解决了这个问题。

单是这样还不足以解决晋国的农业问题。当时的农民大多依附于贵族或豪门的名下，这样可以少缴税，如此大量的土地就归贵族或当官的所有，严重影响晋国人口普查的准确率。加上之前大量的劳动力放下锄头，背起武器，上了前线，全国范围内大量的劳动力都没有在田地里劳作。

重视农业的司马炎号召兴修水利，土地多了，水利发展了，还有一样农业要素也要发展，就是人。司马炎出台了一项鼓励婚姻的政策：如果谁家孩子到了十七岁还不结婚，那么官府就做媒，强制其结婚。这样做的目的是发展人口，毕竟战争打得过于持久，损失了太多的人，只有劳动力发展了，才能有更多的人种地。

史书上讲晋武帝太康年间（公元 280—290 年）的祥和景象被称为"太康盛世"，虽然不过短短十年光景，但这毕竟是三国结束后迎来的第一个发展时期，还是值得肯定的。

八王之乱

司马炎即位之后，晋国在政治、经济等方面都有所发展，出现了"太康繁荣"的局面。政治上，司马炎实行分封制，把宗室都分封为王，这就为以后埋下了祸端。地方势力不断膨胀，严重削弱了中央集权的巩固，后来导致八王之乱发生。

太熙元年（公元 290 年），晋武帝病死，继任者晋惠帝司马衷由外戚杨骏辅政。

晋惠帝的皇后贾南风是开国元老贾充之女，貌丑而凶狠，政治野心很大，并且手段毒辣。在贾南风的一手策划下，永熙二年（公元 291 年），楚王司马玮进京杀了杨骏，以汝南王司马亮辅政。不久，贾皇后唆使司马玮杀了司马亮。

而贾南风认为司马玮的权力太大，在杀了司马亮的第二天，她与晋惠帝用了张华的计谋，派中将军王宫到司马玮处宣布司马玮伪造手诏。司马玮的部下闻诏后多放下武器散去，司马玮束手就擒。过后，以司马玮伪造手诏害死司马亮的罪名，将其处死。

至此，朝政大权被贾皇后掌控，她掌权八年，社会比较平静。

元康九年（公元 299 年），贾皇后因为没有儿子，为了将来能当太后，把当时才人谢玖所生的太子司马遹废黜并且杀害。

贾皇后此举大大激化了西晋统治集团的内部矛盾。掌握禁军的赵王司马伦发动政变，杀了贾皇后，又废惠帝，自立为帝。

司马伦一党道德低下，缺乏治国能力，党羽之间钩心斗角，在政治上没什么建树，因此司马伦称帝，人心不稳，随即引发了三王起义。在许昌的齐王司马冏联合长安的河间王司马颙、邺城的成都王司马颖乘机起兵讨伐司马伦，杀了司马伦后，迎接司马衷复位。

随后，三王又自相残杀，长沙王司马乂、东海王司马越也卷入战争。这次动乱的核心人物有汝南王司马亮、楚王司马玮、赵王司马伦、齐王司马冏、长沙王司马乂、成都王司马颖、河间王司马颙、东海王司马越八王。故史称"八王之乱"。

光熙元年（公元 307 年），晋惠帝被司马越毒死。司马炽继位，是为晋怀帝。司马越辅政，掌握了朝廷大权。八王之乱到此终结。

"八王之乱"是中国历史上最为严重的皇族内乱之一，当时社会经济遭到严重的破坏，导致西晋亡国以及近三百年的动乱，使之后的中原北方进入十六国（五胡乱华）时期。

刘渊称王

"八王之乱"使西晋摇摇欲坠，当时塞外众多游牧民族趁西晋内乱、国力衰弱之际，陆续建立数个非汉族政权，与南方的汉人政权对峙。最后，匈奴人刘渊建立的汉颠覆了西晋。

刘渊自幼生于中原，长于汉地，深受汉文化的熏陶。他少年时代就刻苦学习，熟读《诗经》《尚书》等儒家经典，更有名师崔游督导。刘渊出身于武学世家，对领兵打仗无师自通，又兼酷爱研习兵书，可谓是一个文武全才。

刘渊的父亲是匈奴酋长，死后，刘渊继承了左部帅的职务，兵权在握，他的野心一发不可收拾。

元熙元年（公元 304 年），金秋时节，马肥人壮，刘渊登上王位，自称汉王。

～ 西晋灭亡 ～

刘渊称王后，反晋的石勒来投奔，刘渊的声势更加壮大。

永嘉二年（公元 308 年），刘渊称帝。洛阳成为刘渊的下一个目标。

他的儿子刘聪上台以后，调遣四万大军兵分几路进攻洛阳，洛阳城内顿时乱作一团。后汉士卒攻入了洛阳，在将领的纵容下，将洛阳一抢而空。

命在旦夕，晋怀帝此时也不在乎他的荣华富贵了，从华林园逃出，准备逃往长安。但是，晋怀帝一出园便被士卒抓住，成为俘虏。司马氏的皇亲国戚没有逃离京城的，被屠杀殆尽。

洛阳既被攻下，西晋气数已尽。刘聪乘胜攻击，将长安视为下一个目标。

害死晋怀帝后，刘聪以刘曜为大元帅，领兵十万，再次进攻长安。这年蝗灾横生，朝廷无粮可征，长安城可谓是凋零至极。刘曜领兵南下，一路上攻无不克，直奔长安。

长安被困，救兵不来，而城中的粮草已尽，在这弹尽粮绝的时刻，晋愍帝只能吃麦饼煮成的粥果腹，而这已经是最为奢侈的东西了。朝中大臣只能挖野菜果腹，那些百姓就可想而知了。

晋愍帝整日吃粥来饱腹，不出几日，已到了连粥都吃不上的地步。这晋愍帝年仅17岁，不过是刚刚理事的年纪，何时受过这样的委屈与屈辱，更见长安城内凄凉景象，便再也无法忍受这样非人的折磨，于是决定投降。

在古代，有一套专门的帝王投降仪式，那就是"乘羊车，肉袒，衔璧，舆梓，出东门降"。投降的共识达成以后，晋愍帝亲笔写下了投降文书，令人将其交给刘曜。

这一天，群臣将投降所用礼节备置齐全，晋愍帝乘着羊车，露着肩膀，嘴中含着玉，带着棺材，大开城门，缓缓往刘曜大营而去。刘曜见晋愍帝来降，欣然接受。晋愍帝连同群臣皆被送往平阳。事后，刘聪担心如留着愍帝，晋人复国之心不灭，就派人杀死了愍帝。至此，西晋灭亡。

知识拓展

石崇、王恺斗富

石崇出身官宦人家，他父亲石苞是晋朝的开国元勋。

石崇富可敌国。《世说新语》记载，石崇家里布置得富丽堂皇，就连厕所也十分豪华，不仅预备了各种洗浴用品，还有十多个女仆专门侍候他上厕所。据说石崇上厕所有专门的衣服，进屋之前先要更衣。一天，石家宴请众人，刘寔起身去厕所，刚进厕所门，看见石家厕所的装潢，又看见女仆的穿着打扮，还以为是走到了女孩子的闺房里，慌慌张张就往外跑，石崇让他进去，他也不进去。

石崇富有，王恺的来头更大，他是晋武帝司马炎的舅舅。

　　王恺用糖水刷锅，石崇知道了，就下令，今后家中不用木柴了，改用蜡烛。王恺"作紫丝布步障四十里"，石崇就小胜王恺一分，"作锦步障五十里以敌之"。

　　王恺输多赢少，一次外甥司马炎送给王恺一株珊瑚树，"高二尺许，枝柯扶疏，世所罕比"。王恺请石崇过来一同观赏，没想到石崇看见珊瑚树不仅没受到打击，还毫不吝惜地用铁如意三下五除二将其给打碎了。

　　这下王恺傻眼了，好不容易得到一个好宝贝，还让老冤家石崇给毁了。王恺气得头顶直冒烟，石崇"乃命左右悉取珊瑚树，有高三四尺者六七株，条干绝俗，光彩曜日，如恺比者甚众"。

　　王恺一看，不服都不行了，石崇的家底比皇帝都厚。晋国的官员都是这些人，可见其吏治得败坏到什么程度。

东晋卷

纷争迭起

❦ 淝水之战 ❧

西晋灭亡后，在北方，各少数民族政权纷争迭起。由氐族人建立的前秦国先后灭掉前燕、前凉、代等割据国家，统一了中国的北方。

前秦王苻坚重用汉人王猛之后，国力大增。前秦丞相王猛死前，一直阻止苻坚的南进政策，且劝苻坚不要攻击东晋王朝，因为他认为前秦的国力虽比东晋强，但由于前秦刚刚才统一北方，加上东晋有长江天险，时机未成熟。王猛去世后八年，苻坚认为时机成熟，决定攻击东晋。

当时，东晋孝武帝司马曜在位，谢安总揽朝政。

太元八年（公元383年），苻融率25万先锋军队，苻坚率60万步兵、27万骑兵，共112万大军（实际上仅30万到达战场）前来。东晋谢安从容指挥，以侄子谢玄为先锋，率领经过7年训练，有较强战斗力的8万"北府兵"沿淮河西上，迎击秦军主力。

结果，在淝水，趁秦军后移时，晋军渡水突击。在秦军阵后有人大叫："前线的秦军败了！"秦军阵脚大乱，随后晋军全力出击，以少胜多，大胜拥有绝对优势的前秦军。

据记载，前秦苻坚的军队在淝水一战中大败，苻融战死；苻坚中箭，率领余兵拼命逃回北方。当他们听到风吹过的声音及飞鹤的鸣叫，都以

为是晋兵仍在后穷追不舍，于是他们日夜逃跑，饥寒交迫，结果当他们回到北方时，百万大军已失去了十之七八。后人便以"风声鹤唳"形容人在受过刺激后，心灵变得脆弱不堪，一有风吹草动都会受不了。

谢安得到战报之后，知道秦兵已经战败，当时他正在与客人下围棋，只是把驿书收叠起来放在床上，还是一副淡定的模样，毫无欣喜之色，照旧下棋。客人问他刚才是什么事情，他才慢慢地回答说："小儿辈遂已破贼。"这盘棋下完之后，他才返回屋内。

淝水之战葬送了前秦统一天下的机会，将乱世的时间进一步拉长了。

❧ 惑乱朝纲的司马道子 ❧

淝水之战后，东晋的孝武帝就沉迷在胜利带来的喜悦之中，一直疏于政事。一般皇帝处在这样的状态，总会有一个臣子陪着他一块儿胡闹，对于孝武帝而言，那个人就是司马道子。

司马道子是简文帝司马昱的儿子，他跟孝武帝是兄弟的关系。司马道子时任扬州刺史亦录尚书事，权倾天下。他尤其宠信时任侍中的王国宝。

孝武帝死后，其长子司马德宗继位，是为晋安帝。朝廷下诏内外事务皆要咨询司马道子，司马道子行辅政之责，自此司马道子完全掌握了东晋的权力。

晋朝到了自南迁以来最为黑暗的一个时期。这个时候出了一个叫王恭的人公开跟司马道子作对。

王恭是光禄大夫王蕴的儿子，定皇后之兄长，也是一位清流雅士。王恭非常正直，他对司马道子在朝中的所作所为无法忍受，并且把矛头完全指向了王国宝。后来，王国宝竟然还不思悔改，连东宫都给占了。王恭愤怒到了极点，他联系带兵在外的殷仲堪和桓玄，逼迫司马道子诛杀了王国宝。

后来，庾楷又联络了殷仲堪、桓玄，共同推举王恭作为"盟主"相约共同起事。司马道子大为恐惧，他慌忙把军权交给儿子司马元显。

这时，曾经参与过淝水之战的北府兵名将刘牢之被司马元显收买，刘牢之于是倒戈，王恭就这样被叛军所杀。庾楷也兵败，投奔桓玄。刘牢之率北府兵抵御荆州军，桓玄、杨佺期只得回军。

经历了这样一场大乱，东晋朝廷的统治基础已经出现了动摇。

桓玄自行封帝

王恭起兵让东晋朝廷对于地方势力的控制力一天天地减弱。又恰逢孙恩之乱的爆发，于是地方上的一些人便开始蠢蠢欲动，想仿效桓温行废立之事，这个人正是桓温的儿子桓玄。

王恭起兵失败之后，原本地位平等的殷仲堪和桓玄两人因为司马道子的任命出现了失衡。殷仲堪在这次事件之后只能栖身于桓玄营中。桓玄时刻打算追随自己的父亲去建立不朽的功勋，那么在其营中的殷仲堪就成了桓玄必须清除的一个障碍。

后来，桓玄找到机会，杀了殷仲堪，一举夺得荆、雍二州，于是便上表朝廷，要求任领荆、江二州刺史，因为江州地域过为重要，朝廷便授以桓玄都督荆、司、雍、秦、梁、益、宁七州，后将军、荆州刺史、假节，并且以桓脩为江州刺史。这样几乎把整个西部地域都给了桓玄。但是桓玄还不满意，上疏坚持要求领江州，朝廷迫于桓玄的压力，不得已加桓玄为都督江州及扬豫八郡，并领江州刺史。之后桓玄又得寸进尺，提出以兄桓伟为冠军将军、雍州刺史，以侄子桓振为淮南太守，朝廷都不敢不从。

至此，东晋的州郡几乎都为桓玄和桓玄的亲信所控制，在地方上已经彻底成为桓家的天下，只不过建康的朝廷还是姓司马而已。

随着桓玄势力的上升，司马道子甚为恐慌。他的儿子司马元显兵伐桓玄失败。桓玄大军抵达姑孰，击败了谯王司马尚之，襄城太守司马休之也弃城而逃。桓玄进入建康之后，大肆贬谪原先司马道子掌权时候的大臣，并且给自己的亲信进行升迁，给自己加以剑履上殿，入朝不趋，赞奏不名的殊礼。至此，东晋皇帝已经彻底成为桓玄手中的一个傀儡。

大亨元年（公元403年），由桓玄的重要幕僚卞范之写好禅让诏书，司徒王谧奉玺绶，将晋安帝的帝位禅让给桓玄，随后迁晋安帝至永安宫，又迁太庙的晋朝诸帝神主至琅玡国。

桓玄于是筑坛告天，正式登位为帝，并改元永始，改封晋安帝为平固王，不久迁于寻阳。这个篡夺东晋王朝的政权后来被命名为"桓楚"，但这个桓楚并没有延续多长时间。因为桓玄登上所谓的"帝位"后，便开始从夜至昼游乐。开国之君做的却是亡国之君才会做的事情。

❧ 晋恭帝禅让天下 ❧

在桓玄刚开始有篡晋的想法的时候，曾经问过刘裕的态度，因为当时刘裕通过讨伐孙恩，成为当时东晋的又一名封疆大吏。

在刘裕的一番怂恿之后，桓玄终于篡晋称帝，而此时刘裕却在暗中时刻准备着起兵平灭桓玄。

等一切准备停当，刘裕组织了一次所谓的"游猎"，集结部众，并且在暗中联合了魏咏之、檀道济、周道民、田演等一批对桓玄不满的将领率众起兵，在京口、广陵杀死了桓玄的亲信桓修和桓弘。

桓玄派顿丘太守吴甫之、右卫将军皇甫敷北拒刘裕，但是最终全部被杀。桓玄看到大势已去，只得率子弟沿长江南下逃走。

刘裕的部队马上直奔建康，刘裕并没有直接代晋自立，而是打着恢复晋朝的名号，并且将原先桓玄所立的宗祠彻底烧毁，重立晋新主在太庙中。

通过这样一番宣誓之后，刘裕摇身一变成了东晋的大功臣。于是朝廷派尚书王嘏率百官迎接刘裕，朝廷命刘裕都督扬、徐、兖、豫、青、冀、幽、并八州诸军事，任命其为领军将军、徐州刺史。刘裕几乎掌握了全国的军事权力。

在这之后，刘裕又派人去追击桓玄，最终大败桓玄，攻下桓玄的老巢江陵，桓玄坐船逃走。晋安帝被刘裕接到江陵，下诏历数桓玄罪状，竭力称赞刘裕在平定桓玄之乱中所立下的功绩，并封刘裕侍中、车骑将军，都督中外诸军事，使持节、徐青二州刺史如故。至此，刘裕已经成为东晋朝廷的新主心骨。

刘裕为了进一步巩固自己的地位，暗中命人鸩杀安帝，立晋恭帝。刘裕进位成为宋王，移镇寿阳，距称帝仅一步之遥。刘裕想试探一下群臣对于自己称帝这件事情的想法，就大集朝臣在寿阳欢宴。

在觥筹交错之中，刘裕为了试探诸人反应，隐晦地表达了自己将要称帝的心思，但是当时参加酒宴的大臣大多根本没有对这么重要的信息有什么反应。宴会结束之后，中书令傅亮终于明白了刘裕的意思。于是他连夜赶回刘裕王府，要求觐见刘裕。刘裕马上开门召见。傅亮进门行礼毕，开口说："臣暂宜还者。"这意思就是说：我现在应该回到建康去为您的大典进行准备。刘裕心里也明白傅亮说的是什么，于是傅亮便告别刘裕赶赴京城。

永初元年（公元420年），刘裕带大队人马到达建康。傅亮马上入宫，让晋恭帝照着早就已经写好的退位诏书抄了一遍，"禅让"天下。

禅位诏书一经下达，就标志着东晋王朝彻底灭亡。刘裕于南郊登上高坛，继皇帝位，是为宋武帝。

知识拓展

王与马，共天下

在与后汉的对抗中，晋怀帝成为阶下囚，司马氏几乎被屠杀殆尽，唯有远在江东的司马睿幸存。

当年八王之乱，诸王相争，权势多变，司马越成为最后的胜利者，所幸司马睿与其站在同一个阵营才没被治罪。

司马睿听从了王导的建议，向东海王司马越请命镇守建康，而事前，王导已经想尽办法与东海王王妃裴氏达成一致意见，让其助司马睿一臂之力。

到达建康以后，司马睿在王导诸人的辅佐下，得到了大多数江东世族的肯定，在江南逐渐站稳了脚跟。

西晋灭亡后，司马睿在晋朝宗室与南北大族拥戴下，坐镇建康，即位建立东晋。登基那天，王导和文武官员都进宫来朝见。晋元帝司马睿见到王导，从御座站了起来，把王导拉住，要他一起坐在御座上接受百官朝拜。王导推辞再三，司马睿这才作罢。所以当时有人说："王与马，共天下。"琅玡王氏由此和东晋皇室司马氏，开启了持续百年的门阀政治的格局。

南北朝卷

南北的对峙

❧ 侯景之乱 ❧

从公元 420 年到公元 589 年的这一百七十年里，中国南方政权更替频繁，先后经历了宋、齐、梁、陈四个王朝。这些王朝都在建康定都，史称"南朝"。

刘裕继皇帝位后，大力推行改革，宋文帝刘义隆继续实行刘裕的政策，出现了"元嘉之治"的繁荣景象。然而刘宋后期，朝政混乱，萧道成篡宋称帝，建立齐朝。齐朝只经历了两代就发生内乱，雍州刺史萧衍起兵灭齐建立梁朝，萧衍即梁武帝。

梁武帝目睹了宋齐两个朝代都因皇族间的内乱而亡，因此对皇亲贵族格外宽容，而自己更是笃信佛教。

南北朝时期，多战乱，老百姓生活很苦，佛教为他们找到了一条精神解脱的道路，当时佛教非常兴盛。从皇帝到大臣，从农民到士兵，大家都提倡佛教。

梁武帝不仅信佛，建造一座寺院同泰寺，而且还去出家。于是大臣一上朝，一看皇帝不在龙椅上坐着，那就是得去庙里请了。但是该怎么请，这就得费钱了，皇帝要让大臣拿钱把自己赎回去。大臣们上哪儿弄钱？只能从老百姓身上搜刮了。梁武帝一共三次出家，大臣们就出了三次

钱，而且一次比一次多，让老百姓苦不堪言。就在这时候，梁朝出现了一场大叛乱。

梁武帝最后一次出家那天晚上，做了一个梦，梦见北朝的刺史、太守都来向南梁王朝投降。后来他把这个梦分享给了大臣们，认为这是一个好兆头。

巧的是，过了二十几天，西魏的大将侯景派人来，说他跟东魏、西魏都有冤仇，决心向南梁投降，还表示愿意把他控制的函谷关以东十三个州都献给南梁。

梁武帝不顾大臣的反对，接受了侯景的投降，还把侯景封为大将军、河南王，并且派他的侄儿萧渊明带兵五万去接应侯景。

结果萧渊明带兵北上的时候遇到了东魏的袭击，被打得一败涂地，萧渊明也被抓走了。同时东魏也进攻了侯景，把侯景的部队打得跑到南梁躲了起来。

东魏派使者来南梁讲和，侯景怕东魏和南梁之间达成协议把自己给卖了，他就先一步叛变了。他带人很快打过了长江北岸，梁武帝派侄子萧正德在长江南岸布防抵抗。侯景引诱萧正德叛变，说自己会拥护他做皇帝。萧正德因此投靠了侯景，还帮助侯景顺利地进入了建康，把梁武帝居住的内城给包围了起来。

侯景带人攻打了一百多天，终于打进了城里，俘虏了梁武帝，自己当了大都督，掌握了大权，之前带路的萧正德也被他杀死。最后，梁武帝在侯景的软禁中被活活饿死。

后来，侯景自立为皇帝，梁朝大将陈霸先、王僧辩率领大军从江陵出发，进攻建康。侯景被打败后被部下杀了。

南梁经过这场劫难后，开始四分五裂。永定元年（公元557年），陈霸先在建康建立了陈朝，这就是陈武帝。

❧ 孝文帝改革 ❧

刘裕在南方建立宋朝十九年后，北魏太延五年（公元439年），北魏鲜卑族太武帝拓跋焘也统一了北方。北魏是我国历史上第一个由少数民族建立的、影响较大的政权。孝文帝大刀阔斧的改革使北魏的政治经济有了进一步的发展，并加强了鲜卑族与汉族的融合。

孝文帝名叫拓跋宏，祖母冯太后尽心尽力地对他进行全面的汉化教育，锻炼孝文帝的实际才干。

孝文帝亲政时，力排众议，把都城迁到洛阳。经过孝文帝的改革，洛阳被建设成了一个繁荣的大都市。

为了增强汉族和鲜卑族之间的联系，让鲜卑人过上跟汉人一样的幸福生活，也为了让汉人对自己产生好感，孝文帝深化"一族之婚，同姓之娶"的政策，还要求朝中的文武大臣，凡是三十岁以下的，通通要用汉语讲话，一旦发现说了鲜卑话，那就要丢官。孝文帝又要求鲜卑人把复姓一律改成汉姓，让鲜卑人都改穿汉人的衣服。

孝文帝在北魏实施的全盘汉化方针融合了两个民族，儒家思想随着时间的推移也在鲜卑族社会中生根发芽。

魏孝文帝变法之后，北方的民族矛盾有所缓和。但是，北魏政治日益腐败，开始衰落。最后，北魏的实权落到了高欢和宇文泰手里。高欢立元修为帝，即孝武帝。但元修无法容忍高欢掌握实权，逃到长安投靠了宇文泰。高欢又立孝静帝，并迁都于邺城，也就是历史上的东魏政权。第二年，宇文泰毒死孝武帝，立元宝炬为帝，建都长安，这就是历史上的西魏政权。

陈后主亡国

武定八年（公元 550 年），东魏高欢的儿子高洋建立北齐；后来，西魏宇文泰的儿子宇文觉建立了北周。北齐和北魏之间，谁也不服谁，相互攻战，最终北周灭掉北齐，统一北方。北周大定元年（公元 581 年），北周外戚杨坚篡取北周政权，建立隋朝，是为隋文帝。

由于侯景之乱对南朝的破坏，陈朝建立时已经是南朝转弱、北朝转强的局面。幸运的是，陈霸先成功阻止了北齐的入侵。再加上北方政治动荡，南方的陈朝获得了短暂的发展机会，陈霸先病逝后，陈文帝、陈宣帝先后励精图治，革除奢侈腐败之风，实行轻徭薄赋政策，陈朝政治得以安定，江南经济得以恢复。但第五位皇帝后主陈叔宝继位后，陈朝国势却江河日下了。

陈后主立宠妃张丽华为皇贵妃，沉溺于酒色之中，不问政事，却醉心于诗文。皇贵妃张丽华艺貌双佳，深得陈后主宠幸。起初只是执掌内事，后来开始干预外政。如果有人犯法，只要通过张丽华求情，无不得以开脱。凡事只要张丽华一句话，没有不立即解决的。

当陈后主耽于酒色之时，北方的隋朝逐渐强大起来，决定灭陈统一全国。隋文帝命晋王杨广、秦王杨俊、清河公杨素为元帅，总管韩擒虎、贺若弼等率五十一万大军分道直取江南。同时，隋文帝下诏历数陈后主二十款大罪，并抄写了二十万张，派人到江南各地散发，陈朝人心动荡。

面对隋朝的进攻，陈朝君臣上下，自恃长江天险，根本不将其当作一回事，照样娱乐不误。开皇九年（公元 589 年），贺若弼逼近建康。当时建康城中还有十万大军，陈后主却慌得六神无主，甚至于日夜啼泣，手足无措，他的宠臣们对军事更是一窍不通。

很快，隋军进入皇宫，陈后主带着两个贵妃逃到后殿，跳进井里。隋军士兵向井里窥视，并高声大叫，井下没人应答。士兵威胁要往井下扔石头，井里的陈后主才大声求救。士兵抛下绳索往上拉，觉得非常沉重，以为陈后主很胖，等到把人拉上来，才发现，原来拉上来的不仅有陈后主，还有他的两个妃子。陈后主被掳至长安，十六年后，在洛阳城病死。

南朝的最后一个朝代陈朝自此灭亡。自西晋灭亡起，延续二百七十多年的分裂局面，终于重新获得了统一。

知识拓展

绝无心肝

陈朝灭亡以后，隋文帝对陈后主非常优待，准许他以三品官员身份上朝。而陈后主似乎也从未把亡国之痛放在心上。一次，监守他的人报告隋文帝说："陈叔宝表示，没有官位入朝不便，希望得到一个官号。"隋文帝叹息说："陈叔宝全无心肝。"监守人又奏："陈叔宝常酗酒，很少有清醒的时候。"隋文帝让陈后主少喝酒，过了不久又说："由着他的性子喝吧，不这样，他怎样打发日子呀！"过了一些时候，隋文帝又问陈后主有何嗜好，回答说："喜欢食驴肉。"问饮酒多少，回答说："每日与子弟饮酒一石。"这让隋文帝相当惊讶。

隋文帝评价说："陈叔宝的失败皆与饮酒有关，如将作诗饮酒的功夫用在国事上，岂能落此下场！当贺若弼攻京口时，边人告急，陈叔宝正在饮酒，不予理会；高颎攻克陈朝宫殿，见告急文书还在床下，连封皮都没有拆，真是可笑到了极点，陈亡国也是天意呀！"

隋朝卷
短命的王朝

乱世风云的开端

从东汉末年开始，社会就一直处于动乱之中，魏、蜀、吴三分天下之后，西晋王朝短暂地统一了南北。西晋灭亡之后，中国大地总体上分成了南北两块，并且这个状态一直持续到北周末年。

公元581年，隋文帝杨坚取代北周的末代皇帝周静帝宇文阐，登上了皇帝的宝座，建立了隋朝，南北再次统一。

在隋文帝的统治之下，社会的军事、政治、经济等诸方面都有了长足的发展，社会稳定，经济繁荣，整个国家焕发出勃勃生机。这就是"开皇之治"，也是隋文帝在历史上不能被抹去的功绩。

正当隋文帝殚精竭虑地为帝国打基础，以期大隋王朝千秋万代、生生不息之时，在他的身后，一场以皇位斗争为中心的厮杀即将上演。

隋炀帝的大运河

隋文帝共有五个儿子，均是皇后独孤氏所出。太子杨勇是嫡长子，为人仁爱宽厚，凡事率性而为，他的很多行为在隋文帝看来有违礼制甚至是越权。

杨勇与太子妃元氏感情不和，却极其宠爱云诏训，这一点让独孤皇后十分不满。太子妃抑郁而亡，独孤皇后怀疑太子妃是杨勇和云氏合谋所杀，内心的天平逐渐偏向了会讨自己欢心的杨广。

后来，太子杨勇被废，杨广被立为太子。杨勇曾经多次向隋文帝辩解，但都没有什么用。

隋仁寿四年（公元604年），隋文帝杨坚暴毙。七月，杨广即位，是为隋炀帝。隋炀帝即位，就假传遗诏将杨勇缢死，其他的弟弟也被幽禁。所有障碍都清除后，天下已在他的掌握之中。接下来不到一年的时间里，杨广做了几件大事。

首先，下令在当年秦始皇修建的基础上继续修建长城。长城修建好之后，又下令挖一条长壕。这条长壕起于龙门，途经河南、陕西诸地，极为壮观。为了修建这条长壕，在民间征调了数十万民夫，一时间怨声载道。

当时术士章仇太翼向隋炀帝进言道，只有在洛阳兴建新的都城方能保大隋千秋之业。隋炀帝又马不停蹄地命尚书令杨素等人在距洛阳旧城八十余里的地方兴建东都。这浩大的工程居然仅在十个月内就宣告完成，因为自从命令下达后的每个月，都有两百万的民夫被征召来修城。

天下的珍材异石以各种方式运往东都洛阳，许多服役的民夫活活累死在路上。除了营建洛阳城，隋炀帝还下令在洛阳之西修建显仁宫和西苑，极尽奢侈之能事。天下百姓苦不堪言，民怨沸腾。西苑建好之后，隋炀帝又念起了他的兴起之地——扬州，于是，下令开凿大运河。

历史上对于大运河的评价可谓是毁誉参半。它劳民伤财，耗费民力数百万，不少百姓都因为开凿大运河而失去了性命。但它也促进了南北文化的交融和经济的发展。唐朝诗人皮日休曾有诗云：尽道隋亡为此河，至今千里赖通波。若无水殿龙舟事，共禹论功不较多。

隋炀帝在运河沿岸修了无数行宫，共计出巡十一次。沿途各地的官员拼命压榨百姓供隋炀帝享乐。民间的反抗在悄悄酝酿，一场大乱即将爆发。

⌒ 让天下寒心 ⌒

大业十四年（公元 618 年）八月，隋炀帝杨广前往塞北巡游。途中收到了远嫁突厥的义成公主的急报，称始毕可汗阿史那咄吉已经集结十万铁骑在边境，劝隋炀帝加以防范。但隋炀帝并没有十分在意。

就在隋炀帝抵达塞北边境雁门郡城的第二天，突厥骑兵以迅雷不及掩耳之势包围了雁门郡城，占领了雁门郡治下的三十九座城池。

援军还没到，城内储存的粮食仅够军民食用二十天。隋炀帝马上召集随行的大臣们商讨对策。内史侍郎萧瑀向隋炀帝提议，让始毕可汗的妻子义成公主想办法劝说他退兵。

隋炀帝马上派出密使从小路火速前往突厥，希望能够求得义成公主的帮助。隋炀帝还昭告天下，命各郡县率兵前来勤王救驾。

义成公主接到隋炀帝的求援，马上给始毕可汗送了一封假情报，称突厥边境告急，劝他赶紧率军回来解救。各地的勤王之师也陆陆续续向雁门郡开来。隋朝的援军声势浩大，始毕可汗心中也生出一丝恐惧，再加上义成公主的"情报"，他马上下令撤兵。

危急时隋炀帝曾下诏令，凡是在守卫战中立下战功的士兵和百姓都能获得六品的官衔，并得到一百匹绸缎的赏赐，而官员则按功晋升。但事实上，隋炀帝并没有履行承诺，从此，隋炀帝在天下人眼中威信全无，民心尽失。

❧ 折戟高句丽 ❧

隋文帝给杨广留下了一个相对富足的国家，然而富裕的国库却给隋炀帝的东征西讨创造了条件。即位之初，他就开始了一系列针对周边的军事活动。但在对高句丽发动的三次大战中，隋朝耗尽了所有气力，更使隋炀帝众叛亲离。

东征的命令下达后，大隋上下都忙碌起来。为了扩充水军，朝廷督造了三百艘战船，其他如兵车、战车更是数不胜数。隋炀帝在淮河和长江以南征集了弓箭手三万人、突击手五万人，还将大量粮食调来以备战争之需。为了准备这次大战，隋炀帝倾尽全国之力。民夫们由于长期没日没夜地赶制战船，死亡率几乎达到了百分之四十，不少民夫都忍受不了，开始逃亡，这些人也成为后来农民起义的一部分力量。

大业八年（公元612年），隋朝百万大军在涿郡聚集，分为左右两翼向辽东进发，一场场大战后包围了辽东城（今辽宁辽阳）。高句丽殊死抵抗，战况僵持不下，隋军的粮草渐渐不够了。无奈隋军只好撤退。高句丽军乘乱出击，毫无防备的隋军乱了阵脚，士兵四处逃散，一时间死伤无数，最终回来的只有区区两千七百余人，初征辽东以惨败告终。其后两次出征也同样惨败。

❧ 造反与等死，如何抉择 ❧

李渊是北周贵族出身，他的祖父李虎是北周的八柱国之一。李渊幼年丧父，七岁时便承袭了父亲唐国公的爵位。

隋文帝的独孤皇后与李渊的母亲是亲姐妹，因此她对这个外甥十分喜爱，李渊和杨氏家族的感情也很深。大业十三年（公元617年），李渊被任命为太原留守。此时，农民起义的战火已经在各地点燃，隋朝的统治已经是日薄西山。而这时，盘踞在晋阳北边的突厥突然来犯，不久之后便围攻了马邑郡。李渊命部下高君雅和王仁恭率军前去抵抗，两人却没有遵从李渊的作战方案，被突厥军打得惨败。消息传到江都，隋炀帝大怒，立刻下令逮捕李渊和王仁恭，押送到江都问罪。

李渊惊慌失措，他担心隋炀帝借这个机会处死自己。因为"杨氏将灭，李氏将兴"的谶语广为流传，隋炀帝一直疑心李渊会夺他的天下。李世民和裴寂等人都力劝李渊反隋，李渊决定起兵。

副留守王威和高君雅是隋炀帝派来监视李渊的，如果起兵大计被他二人知道，后果不堪设想。自己手下的兵力想要起兵反隋也远远不够。正在李渊绞尽脑汁的时候，刘武周斩杀了上司王仁恭，带人洗劫了马邑郡的粮仓，救济马邑郡的穷苦百姓，又攻占了汾阳宫。李渊有了征兵的理由。

得到王、高二人的同意后，李渊马上派出李世民和刘文静等人到各地征兵。因为李渊素来爱民，十几天内，就有数万人前来应征。李渊将招来的将士交给刘弘基和长孙顺德统领，又马不停蹄地催回了在河东郡的李建成、李元吉兄弟和在大兴的女婿柴绍帮助自己。

知识拓展

杨花谢了李花开

相传隋文帝杨坚曾梦到大兴城被洪水淹没，解梦之人认为梦中的洪水是名字里带水的人，要夺取杨家天下。也有传说这梦是隋炀帝所做，隋炀帝梦见大水以滔天之势冲向都城，整个长安都变成汪洋大海，只有城头的三棵李树仍旧果实累累，生机盎然。术士说，李姓之人将祸乱天下。无论这个梦是谁做的，有两个关键点相同，一是李姓之人，二是名字中有水的人。

明公李穆是隋朝的开国功臣，他死后，爵位没有传给儿子，而是传给了嫡孙李筠。这让李穆的儿子李浑十分不满，他暗中与另一个侄子李善衡联手，杀了李筠并嫁祸于人。

然而李穆的子嗣众多，急于获得爵位的李浑想到了隋炀帝身边的红人、自己的妹夫——宇文述。李浑向他许诺：一旦自己继承了爵位，将把李家每年田赋的一半送给宇文述。李浑如愿获得了爵位。但几年之后，李浑得势，就违反了承诺。这让宇文述怒火中烧。

正在此时，"李氏将兴"的流言传出，宇文述对隋炀帝暗示，李浑的名字中带水，李家孙子的小名叫洪儿，也带水。李浑如今位高权重，一旦谋反，后果不堪设想。本来猜忌心就重的隋炀帝坐不住了，很快将李浑一家以"意欲谋反"之罪灭门。

❧ 李渊的算计 ❧

大业十三年（公元 617 年）五月，王威和高君雅觉察到李渊等人有异，决定在晋阳祠祈雨的时候将李渊等人抓起来。得知消息后的李渊决定先下手为强。

这一天，众人像往常一样在太原府的衙门里办公，刘文静和开阳府司马刘政会慌慌张张地走进了衙门，声称有军情要呈给李渊。李渊让王威去接，刘政会却说这份军情只能交给李渊。李渊假装诧异地接过，打开一看，正是举报王威和高君雅暗中勾结突厥的"证据"。李渊大怒，下令将二人逮捕下狱。

随即，李渊告知晋阳城百姓，说副留守王威和高君雅通敌叛国，突厥人不日就要来攻打晋阳城。李渊命李世民率兵封锁了晋阳城内的所有街道，一时间，整个晋阳都沉浸在一种肃杀的氛围之中。

两天之后，突厥部队兵临太原。这一刻，所有人都相信是王威和高君雅投敌叛国，李渊下令将王威和高君雅斩首示众。

李渊下令将所有的城门打开。突厥的军队看到城门大开，便怀疑有诈，不肯轻易进城，只是驻扎在城外不时地派骑兵前来巡视。

李渊带军队在夜间秘密地离开晋阳城，第二天，又高举战旗浩浩荡荡地回到城中。不知情的突厥人以为是隋朝的援军到了，便无可奈何地退了兵。不久，李建成、李元吉、柴绍等人也火速赶到了晋阳。

此时还有一个巨大的问题，那就是盘踞在附近的东突厥。如果现在起兵，突厥可能会乘机偷袭，这样必然两面作战，对他们非常不利。经过商议，起义军决定和东突厥结盟。

李渊给始毕可汗送去了一封亲笔信，信中说愿意和对方结为姻亲，并献上大批金银珠宝，希望始毕可汗能借兵给他去江都迎隋炀帝回大兴。始毕可汗回信支持李渊自己称帝。李渊并非不想称帝，但是过早称帝就需要向突厥称臣。李渊和始毕可汗商议，拥立隋炀帝之孙杨侑为皇帝，遥尊隋炀帝为太上皇。

❧ 晋阳起兵 ❧

起兵诸事准备妥当，李渊宣布在晋阳起兵并向太原各个郡县发布了公告，历数了隋炀帝的诸多罪状，称自己要拯救万民于水火之中。

西河郡反抗，李渊命李建成、李世民等人率兵攻打，仅仅五天的时间就攻破了。李世民只斩杀了西河郡郡丞高德儒，并没有伤害无辜百姓。其他郡县百姓听闻十分安心。

李渊宣布在太原成立大将军府，自任大将军，封刘文静为司马，裴寂为长史。随后下令成立三军，封世子李建成为陇西公、左领军大都督，统领左三统军；次子李世民为敦煌公、右领军大都督，统领右三统军；中军由自己领导。封李元吉为太原郡守，命他留守太原。

军队一步步向长安挺进，一路势如破竹。万年、醴泉等地的官员都愿意归降，更有不少豪强子弟、江湖英雄纷纷来投，李家军一时间又壮大了不少。旗开得胜的李渊决定一鼓作气，直捣长安。一路前来投奔的官民数不胜数，到了泾阳，李世民部队的人数已经达到了九万人。在这之后，李世民又和李神通及后来的平阳公主的"娘子军"会合，声势更加浩大。

十一月，大军攻破长安。镇守在河东的屈突通闻信，即刻下令向洛阳撤退，却遭到了刘文静所率部队的围追堵截，屈突通被俘，押解到长安。李渊认为他是个将才，任命他为兵部尚书。

十二月，李渊派人去

巴蜀之地招降并拥立了代王杨侑为帝,遥尊远在江都的隋炀帝为太上皇。杨侑改年号为义宁元年,关中从此掌控在李渊手中。

❧ 风云迭起,政权林立 ❧

义宁二年(公元 618 年),江都兵变,隋炀帝被杀。宇文化及等人拥立杨浩为帝,王世充在洛阳拥立杨侗为帝。中华大地上出现了三个隋朝政权。

李渊当机立断,于五月在太极殿称帝建国,国号为唐,改元武德,是为唐高祖。同年九月,宇文化及在魏州自立为王,建立了许国,改元天寿。之后,盘踞洛阳的王世充也自己当了皇帝,国号郑,改元开明。一时间,各割据势力纷纷建立政权。

在这些新生政权中,较为重要的有以下几个。

魏:前身是翟让所领导的瓦岗寨,后由李密统领。

秦:薛举父子于大业十三年(公元 617 年)在陇右建立。

凉:由甘肃人李轨建立,史称大凉。

定杨:刘武周于大业十三年(公元 617 年)起兵投靠突厥。后称帝,为西北地区较大的割据势力。

夏:窦建德建立。

梁:兰陵人萧铣所建,雄踞南方。

此外,还有杜伏威建立的楚、李子通在江都建立的吴、林士弘在豫章建立的楚、梁师都在陕西建立的梁、刘黑闼在洺州建立的汉、徐元朗建立的鲁以及辅公祏在丹阳建立的宋,等等。

隋末可谓是政权林立。直到武德七年(公元 624 年),经过多年的艰苦征战,唐终于一统天下。

瓦岗寨的故事

瓦岗寨，多少英雄豪杰聚集在此，为了心中的理想杀豪强、除恶霸，希望建立太平盛世。

大业十二年（公元 616 年）十月，李密的到来使瓦岗军日益壮大，李密也因此获得了较高的威望。在翟让等人的推举下，李密成为瓦岗寨的新领袖。

他没有听从谋士先进攻长安的建议，固执地要先攻下洛阳。洛阳

城池坚固，驻有重兵，李密的军队和王世充的十万联军隔水相峙。而就在此时，李渊已经率领着他的部队朝长安进发。

在与王世充的交战中，瓦岗军胜少败多，几次大战之后，损失惨重。瓦岗寨的创始者翟让想要夺回领导权，李密却先下手为强，将翟让及其亲信一网打尽。部下们逐渐与李密离心离德。

大业十三年（公元 617 年）十二月，李密和王世充在洛水边决战，王世充大败，退回了洛阳城。此时的瓦岗军也是实力大减。就在双方僵持不下的时候，宇文化及在江都发动兵变后向洛阳逼来。来势汹汹的宇文化及让王世充十分惊恐，他联合李密抵抗宇文化及。

李密率瓦岗军在童山和宇文化及大战了一天一夜，最终取得胜利。但此时，王世充发动政变夺取了大权，李密只能返回驻地继续与王世充对峙。九月的偃师大战中，瓦岗军一败涂地，终于分崩离析。

李密无路可走，无奈之下率领残部投了李渊，却又随后反叛，率军投靠伊州刺史张善相。李密逃至熊耳山的时候，被唐朝将领盛彦师斩杀。

唐朝卷

盛世风云

∽ 兄弟相争，秦王登基 ∽

唐高祖武德九年（公元626年），李世民举报太子和齐王秽乱后宫，六月四日，唐高祖召太子李建成、齐王李元吉入宫问询。

李世民带领长孙无忌、尉迟敬德等人早早埋伏在了玄武门，等待着二人到来。

毫无防备的李建成和李元吉像往常一样，骑着马从玄武门入宫。一行人走到临湖殿的时候，觉得情况有些异常，立刻准备退回东宫。但为时已晚，李世民纵马而出，追了上去。

眼见李世民追了上来，骑着马的李元吉回过头来张弓就射，但几箭都没能射中。李世民却一箭将李建成射下马来。这时，秦王府的伏兵尽出，李元吉寡不敌众，也在乱箭中摔下了马。

玄武门之变发生时，唐高祖还在宫中和大臣们泛舟。当他看见身穿铠甲、手持长矛前来的尉迟敬德时大吃一惊，忙问发生了什么事，尉迟敬德禀报道："太子和齐王作乱犯上，秦王已经举兵诛之，现在特地派臣前来保护陛下的安全。"

唐高祖听了尉迟敬德的禀报，便问旁边的陈叔达等人："朕不承想会发生今天这样的事，现在该如何是好？"陈叔达和萧瑀说："建成和元吉二人本就是无义之人，又无功于天下，如今秦王将他们除去，是天下归心。陛下立秦王为太子，将国事交与他就无事了。"

见朝中重臣都倒向了李世民，唐高祖终于明白，局面已经不是自己能够控制的了，于是将兵权交了出去，国家大事也都交给了李世民。李建成死后不久，他的五个儿子都被处死，李元吉的后人也全部被杀。

八月初八，李世民在东宫显德殿即位，成为大唐的第二位君主，是为唐太宗。

❧ 以魏徵为镜 ❧

唐太宗时期，整个国家政清国晏，四海升平，百姓安居乐业。在这个后世无法企及的治世高峰上，有着帝王的楷模——唐太宗李世民，也有着一大批绽放光芒的名臣，这才有了大唐盛世不朽的传奇。而魏徵作为其中的佼佼者，也和唐太宗一起青史留名，享受世人的赞誉。

魏徵，字玄成，自幼家境贫寒，迫于生计出家做了道士。他喜好读书，在道观之中悉心学习各种典籍，尤其精通纵横之术。

早年，魏徵追随过李密、窦建德，可惜不得志，直到遇到李建成。李建成可以说是魏徵的第一个知己，他对当年落魄不得志的魏徵倾心相待、礼遇有加，这让魏徵十分感动。为了报答李建成对他的知遇之恩，魏徵在皇位争夺中给李建成出了不少主意，让李建成获得战功并且收获了河北地区的民心。

魏徵一直建议李建成采取极端手段，置李世民于死地，但没有被采纳。唐太宗一开始对魏徵十分恼恨。但是玄武门之变后，他并没有杀魏徵，反而委以重任，一方面是由于听取了尉迟敬德大赦的建议，另一方面是魏徵的名声太大。此外，魏徵不卑不亢的态度也使唐太宗起了爱才之心。

  唐太宗有两个优点：一是善于从前人的过失中吸取教训；二是知人善任、开明大度，能够听得进劝告，因此魏徵才能一直犯颜直谏，尽自己的努力，报答唐太宗的知遇之恩。

  朝中不少人妒忌魏徵，于是便有人冤枉他以权谋私。唐太宗听说后，命御史大夫温彦博去调查。温彦博一向和魏徵不合，就对唐太宗道："魏徵身为朝廷重臣，却不知检点。即使此时查无证据，魏徵也应受到处罚，让他自己反省一下。"唐太宗觉得有理，就在朝堂上当着众臣的面指责了魏徵。

魏徵觉得这件事本来就是子虚乌有，皇帝这么处理有失公允，便直言道："据臣所知，君臣本应同心同德、互为一体才是。彼此之间最重要的是以诚相待，如果只是纠结于一些无谓的小事，每天避嫌，那么国家怎么能治理得好呢？"

唐太宗听后思虑良久。魏徵又说："希望陛下能让我做良臣，而不要做忠臣。"唐太宗不解，魏徵便解释道："良臣自身就有美名，他所辅佐的君王也是功勋卓著，青史留名；忠臣则因为犯上而引来杀身之祸，杀他的皇帝也落得个昏庸无道的骂名。"这番话让唐太宗感触良多，也更尊敬魏徵了。

魏徵无时无刻不在督促着唐太宗向一个贤明的君主发展，唐太宗本人也称赞魏徵为"良工"。贞观十七年（公元643年），魏徵因病辞世，唐太宗非常悲痛。他惋惜道："人以铜为镜，可以正衣冠；以古为镜，可以知兴替；以人为镜，可以明得失。朕常保此三镜，以防己过。今魏徵殂世，遂亡一镜也。"

❧ 女皇不是梦 ❧

"曌"，这个意义为日月当空的字，因为女皇将其作为自己的名字而被一代代的中国人反复提起。只要提到武则天，就要提起这个字，而提起这个字，人们想到的也只能是武则天。这个霸气外露、舍我其谁的字，就这样和武周一朝的历史绑在了一起。

唐高宗李治驾崩一年后，李唐王朝的权力几乎都掌握在了武则天手中。继位的唐中宗李显仅当了两个多月的皇帝就被流放到千里之外的湖北软禁起来，新上位的唐睿宗李旦也只是一个傀儡，武则天所欠缺的只是那一顶天子冠冕。而作为一名女性，想要登上皇位难之又难，她为了皇位可谓绞尽脑汁。

武则天自己在努力制造舆论，早已看穿武则天心思的一干投机者也各显神通。幸臣薛怀义找到了一本叫作《大云经》的佛经，这部经文主要讲的是净光天女领会佛法奥义，转生人界成为女王，最终成佛的故事。这有力地证明了女人也能当皇帝。薛怀义又组织人力，炮制了一部洋洋洒洒的《大云经疏》，将唐代民间流传的弥勒信仰和大云经里的故事结合起来。在《大云经疏》中，武则天被塑造成弥勒佛的转生，她的下凡，正是为了以女身登上皇位，最终成就正果。武则天大喜，立刻命各州修建大云寺，寺内均藏一本《大云经》和一本《大云经疏》。

万事俱备，只欠东风。载初元年（公元 689 年）九月，侍御史傅游艺率先串联九百余人上表请武则天称帝。武则天则在等一个人的表态，这个人就是唐睿宗李旦。李旦知道势不可违，便向自己的母亲武则天上书，请求其称帝。

载初元年九月九日，武则天正式称帝，改国号为周，改元天授。中国历史上最著名的女皇帝就这样诞生了。

武则天登基后，立刻追尊武士彟为周忠孝太皇，母亲杨氏为忠孝太后，又追封祖上四代为王。她将父母的坟墓按照帝王的规格升级为陵，建造宗庙，设置专门的官吏管理武氏宗庙的四时祭祀。

改变寒门的命运

唐朝时，江南士族的力量已然衰弱，但北方士族却始终保持着强盛势力。唐太宗时颁布《氏族志》，将跟随自己打天下的关陇士族的地位提高到与旧士族相提并论的地步。

唐高宗时期，武则天掌权，开始大量提拔寒门庶族出身的官员。唐

高宗显庆四年（公元 659 年），在《氏族志》基础上修改的《姓氏录》完成，唐高宗亲自作序，推行天下。这部新的官修谱牒强调的是"姓"而不是"族"。因此它不仅收入了当时五品以上的现任官员，还收入了以军功获得五品以上勋官的军卒。旧士族中若没有在朝担任五品以上官职者均未收入。这样一来，一些历史悠久享有盛望的名门望族就消失在世人眼中，士族的风光从此一去不复返。

门阀制度被打破以后，庶族地主和平民有了出人头地的机会。武则天又对科举制度实行了一些改革，扩大科举取士的人数，考中者大部分进入弘文馆，后来也大多成为唐高宗和武则天朝的重要官员。

武则天称帝之后，进一步加强对科举的改革力度。天授元年（公元 690 年），武则天开创了殿试制度，在皇宫内亲自考察通过会试的进士，对优秀者破格录用。这一制度一直延续下来，成为科举制度中的重要一环。

长安二年（公元 702 年），武则天设立武举，考察马射、步射、平射、筒射、马枪等项目，以选拔军事人才。

为免有遗珠之憾，武则天还派出存抚使赴各地巡视，搜罗选拔人才。对于存抚使推荐的人才，武则天都亲自召见并加以录用，不需要经过考试。

武则天对官吏的考核极为严格，经常检察官吏的任职情况，若有不合格者，立即罢黜、降职或流放。武周一朝，涌现了大量名臣名将，百姓富庶，社会繁荣，武则天也被后人称为一代明君。

～ 名相狄仁杰 ～

虽然不少人都对武则天的酷吏政治颇有微词，却也不能否认，满朝文武当中还是能臣居多。狄仁杰是其中最为后世所知的一位。

狄仁杰出生在一个官宦之家。高祖狄湛是北周宇文泰手下，祖父狄孝绪在贞观年间曾任尚书左丞，父亲狄知逊担任过夔州长史。

狄仁杰于垂拱二年（公元686年）出任宁州刺史。狄仁杰在此处获得了百姓的拥戴，甚至为他立碑颂德。巡察陇右的御史郭翰得知，便上表举荐了狄仁杰。狄仁杰被升为工部侍郎，赴江南担任巡抚使。

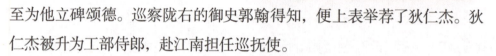

垂拱四年（公元688年），豫州刺史越王李贞起兵反对武则天。叛乱平定后，狄仁杰接任豫州刺史。当时，成百上千的平民因为曾经在李贞军队中服役而被株连。狄仁杰便上书给武则天，说这些人只是为李贞所逼迫，不宜妄杀无辜。武则天听从了狄仁杰的意见，减轻了对这些人的处罚，从死刑改为流放。宰相张光辅自恃平定叛乱有功，放任士兵滥杀无辜，勒索钱财。狄仁杰不仅命令手下制止士兵的抢掠和杀戮，还当面怒斥张光辅的暴行，保护了一方百姓，而自己却被贬官。

武则天称帝之后，狄仁杰被重新起用，于天授二年（公元691年）出任户部侍郎、同凤阁鸾台平章事，成为朝廷宰相，可没过多久，又被酷吏来俊臣诬告谋反下狱。

狄仁杰以写遗书为由，要来笔墨纸砚，偷偷在被褥上撕下一块布，写了一份申冤的诉状，缝在被褥里，之后他又请求让家人为他拆洗被褥。狱卒同意了他的请求。狄仁杰的儿子狄光远发现这份诉状之后，立刻入朝向武则天申诉。武则天见此，心知有异，便提审狄仁杰等人，最终搞清了事情真相。

尽管被判定无罪，狄仁杰还是被贬黜为彭泽令。虽然只是个小小的县官，但狄仁杰仍是兢兢业业，他积极为百姓申请发放赈济、免除租赋，受到百姓的爱戴。万岁通天元年（公元696年），营州之乱爆发，为了稳定局势，安定人心，武则天调狄仁杰为魏州刺史。

前刺史独孤思庄慑于契丹的进攻，命令百姓放弃农业生产，进城备战，结果使大片农田荒芜，人民生活极其困苦，人心浮动。狄仁杰到任后，立刻遣散百姓，任其安居乐业。结果契丹听说狄仁杰的大名，不敢进攻。

狄仁杰再次被召回朝中，武则天对狄仁杰极其倚重，称之为"国公"，军国大事往往要征求其意见。

狄仁杰担任宰相期间，积极推荐人才；作为王朝的中流砥柱，并最终使武则天改变心意，迎回了一度被废黜的庐陵王李显重任太子。

狄仁杰病故之后，武则天悲叹道："朝堂空也。"

知识拓展

"女主武王"道是谁

武则天进宫后，赐号武媚，封为五品才人，但那时她年龄太小，唐太宗没怎么注意她。

唐太宗十分喜欢驯马，但却拿烈马狮子骢无可奈何。有一天，他带着妃嫔观马，武则天也在其中，所有人看到狮子骢都发出唏嘘之声，没人敢上前。这时，武才人毛遂自荐，说自己能驯服这匹马，不过，需要皇上赐她铁鞭、铁锤、匕首。

唐太宗疑惑地问要它们做什么？武才人回答说，先用铁鞭打马，如果它不温顺下来，就用铁锤敲它的脑袋，再不行，就用匕首杀了它。唐太宗都听愣了。

当时，"女主武王"的说法在民间流传，太宗知道后召见太史令李淳风问询。李淳风通晓"天文历算阴阳之学"，他说，他观天象看到将要女主天下，并且推算出这个女子已经在官里了。唐太宗听后非常紧张，想在后宫大开杀戒，但是，李淳风以天命难违劝说，唐太宗打消了这个念头。

一天，唐太宗举办宴会，兴致起来，让大家用自己的乳名来行酒令。众臣兴高采烈地说出自己奇怪的乳名并且互相嘲笑。气氛热烈之际，左武卫将军李君羡说："臣乳名五娘子！"一个五大三粗的将军乳名竟然叫五娘子，全场哄笑，唐太宗也笑呵呵地说了一句："何来女子，如此勇健！"话音未落，唐太宗就呆住了。李君羡是武安人，任职左武卫将军，守卫着玄武门，封爵武连郡公。这一连串的武字和女孩儿似的乳名，让唐太宗认定李君羡正是那"女主武王"所指的人。于是没过多久，他就找借口除掉了李君羡，从此，唐太宗放下了一桩心事。

神龙政变

神龙元年（公元 705 年），八十二岁的武则天卧床不起，文武百官、诸王公主甚至太子李显都很难见到她，男宠张昌宗、张易之兄弟成了武则天和外界沟通的唯一渠道。这对于太子李显来说无疑非常危险。李唐皇室决定采取非常手段，除掉二张兄弟，拥立太子李显登基。

他们获得了一批有兵权的将领的支持，京城里又忽然传出二张兄弟想要谋反的流言。待万事俱备，众将领率五百余名羽林军杀入宫中，占领了各个出入口，并迅速向武则天的寝宫迎仙宫扑去。

太子李显在张柬之等人的陪同下进入武则天的寝殿，向武则天"请安"。武则天一生经历无数的大风大浪，早就明白了是怎么回事。她接受了这个现实，宣布由李显监国。李显在象征性地担任了半个月监国之后，就名正言顺地登上了皇位。

武氏诸王的爵位象征性地降了一级，武则天从迎仙宫迁至上阳宫。在十个月后，一代女皇武则天撒手西去。她在遗诏中宣布去掉帝号，以皇后的身份去见先王，与唐高宗合葬乾陵。而她的墓碑上只字未落，是非功过任由后人评说。

年小志气高

李隆基幼年经历的一系列宫廷政变，让他深刻地认识到宫廷生活的残酷和政治的瞬息万变。他韬光养晦，慢慢地成长起来。

在他七岁那年，大周朝祭祀宗庙社稷。李隆基带随从去参加这个祭祀，路上遇到时任金吾大将军的武懿宗。此人历来嚣张跋扈，目中无人。

李隆基的人马走在大道的中心，挡了武懿宗的人马通行。武懿宗不敢直接找李隆基的麻烦，便将一腔怨气和怒火，悉数发泄到了李隆基的随从护卫身上。

李隆基立马怒视，对武懿宗大声呵斥。一个七岁的孩童竟然震慑住了武懿宗，他目瞪口呆地望着李隆基，不知道该怎么办才好。武则天知道后并没有责罚李隆基，还在第二年封李隆基为临淄郡王，足见武则天对这个年龄虽小志气却高的孩子的喜爱。

武则天在位的数十年间，李隆基不断发展和壮大自己。武则天逝世，他毫不犹豫地选择了和实力强劲的太平公主联合，夺取政权，拥立父亲李旦重新坐上皇位，而李隆基则名正言顺地当上了皇太子。

此时的朝堂，两分天下，一方是以李隆基为首的太子党，另一方则是太平公主的势力，二者相互制衡。随着时间的推移，朝中局势逐渐发生了变化，许多大臣转变立场，从太平公主的麾下投入李隆基的阵营。

终于，先天元年（公元712年），唐睿宗退位，李隆基坐上了皇帝宝座，史称唐玄宗。在姚崇和宋璟这样的贤相辅佐下，取得了开元之治的伟大成就。

如意算盘落空

安禄山与安思顺、哥舒翰三人同为强大藩镇的首领，安禄山与河西节度使安思顺关系密切，二人都与陇右节度使哥舒翰不和。

安禄山控制着三个边镇，实力强大。但是哥舒翰的军队不仅数量庞大，而且战力惊人。因此，杨贵妃的哥哥——当朝宰相杨国忠选中了哥舒翰与他联盟，共同对抗安禄山。安禄山始终不敢有什么异动。

在杨国忠看来，要限制住安禄山，还要在其与唐玄宗之间加上一道

封死的门。于是，杨国忠对唐玄宗说安禄山要谋反。唐玄宗不信，杨国忠说："口说无凭，请陛下宣召安禄山入朝，他肯定不会来的。"唐玄宗派人宣召安禄山来京，安禄山大大方方地来了。从此以后，唐玄宗对安禄山信任有加。其实，安禄山在京城有内线，那就是御史中丞吉温。他与安禄山结盟，将朝中的风吹草动都通知给了安禄山。

安禄山趁机请求唐玄宗允许他兼领一些饲养战马的差事，唐玄宗就封他为内外闲厩使和陇右群牧使。陇右是哥舒翰控制的藩镇，唐玄宗将安禄山封为陇右群牧使是想制约哥舒翰，却在很大程度上增强了安禄山的实力。自此，安禄山不仅可以名正言顺地获得哥舒翰的军事动向，还可以肆无忌惮地为自己军队挑选战马，弥补自己军队的不足。之后，安禄山向玄宗要来了藩镇的无限制人事任免权，朝廷对安禄山失去了控制。

杨国忠本想离间安禄山和唐玄宗的关系，岂料反而将安禄山的势力推向了巅峰。

❧ 反了就是反了 ❧

杨国忠苦思冥想多日，终于想到了一个绝妙的主意，于是他去见唐玄宗说："安禄山不是想当宰相吗？那就让他当，当宰相势必要入京，我们另找三个人担任范阳、平卢、河东三镇节度使的位子。安禄山如果无意谋反，自然可以安心为皇上效力，如果真有不臣之心，那么他身在京城，三镇又被别人掌握，还能有何作为呢？"

唐玄宗觉得这确实是一个好主意，但是前面刚刚传来安禄山的战报，玄宗担心将安禄山调离边关会引起动荡，于是派自己的心腹宦官以押送皇帝赏赐的珍异果品为名前去调查一番。只可惜这名心腹宦官被收买了，回来后盛赞安禄山忠心为国、绝无二心。玄宗听完如同吃下了一颗定心丸。

安禄山上表请求向朝廷贡献三千匹马，每匹马配两名马夫，由二十二名将领护送。安禄山这是要将一支三千骑兵、三千步兵、二十二名将领组成的亲信部队开到京城啊。唐玄宗至此也有些醒悟了。

可面对爪牙已利、羽翼已丰的安禄山，唐玄宗无计可施，只能派人去向安禄山传旨，召他来京。然而安禄山即将起兵，已经不屑再虚与委蛇了。使者仓皇逃回京城，大哭着扑到唐玄宗面前说："我几乎见不到陛下了呀！"唐玄宗见此，心中一片冰凉，他知道安禄山的确要反了。

❧ 潼关失守 ❧

安禄山果然造反了，发兵攻到潼关。杨国忠对潼关守将哥舒翰颇为忌惮，就下令招募了一支万人的队伍，由他的亲信杜乾运带领，假托防御叛军之名驻扎在灞上。

哥舒翰是久经沙场的老将了，一看杨国忠的布局就明白，杨国忠布置的军队是为了对付自己，于是上书请求调杨国忠的军队来潼关加强防守。杜乾运率军到潼关后不久，就被哥舒翰找借口杀了。

潼关有一夫当关、万夫莫开之险。安禄山久攻不下，只能诱守军出战，才能够攻入潼关。哥舒翰担心唐玄宗不明白不出兵的深意，特意上书解释。郭子仪和李光弼也上奏，建议出兵攻取安禄山的根据地范阳，俘虏叛军的妻儿老小为人质，打击叛军士气。

杨国忠只看到哥舒翰拒不出兵，还将他的心腹将领骗到潼关去杀了，便十分担心哥舒翰拥兵自重，胁迫唐玄宗除掉自己，于是他以唐玄宗的名义不断催促哥舒翰出战。哥舒翰无法抗旨，只能与部下抱头痛哭，然后率领着军队向安禄山的圈套进发。

天宝十五年（公元 756 年）六月，哥舒翰的大军在灵宝西原与崔乾祐的军队遭遇。潼关失守，哥舒翰被囚禁。潼关失守之后，关中无险可守，各地的防御使看到叛军来袭纷纷弃城而走，叛军离长安已近在咫尺。

唐玄宗感到长安不保，赶紧召集大臣商议对策，在杨国忠的建议下，唐玄宗决定退守四川，于是唐玄宗带着一干人等逃出长安。

知识拓展

被牺牲的女人

唐玄宗逃出长安，到达了马嵬驿。

逃亡的生活让将士们渐生抱怨。禁军龙武大将军陈玄礼见杨国忠最大的靠山唐玄宗已经落魄至此，感到除去杨国忠的时机到了。

此次的逃亡队伍中，有二十多名吐蕃使者，此次随众入川，没人顾得上他们，吐蕃使者饥肠辘辘，只能拦住杨国忠要食物。杨国忠还没来得及答话，士兵中便有人大喊："杨国忠和吐蕃使者密谋，准备谋反。"这话一出，立刻有人弯弓搭箭指向杨国忠。杨国忠见势不妙，策马狂奔，刚跑到马嵬驿西门里，便被赶来的士兵截住杀死了。随后，太子和陈玄礼、李辅国等人又杀了其他杨家人。

听到外面呐喊声不断，唐玄宗走出来察看情况，竟然发现军队将整个驿馆都包围了。唐玄宗问是怎么回事，大家都说是杨国忠和吐蕃使者密谋造反，已经被将士们杀死了。

唐玄宗叹息一声，问怎么样士兵们才愿意散开。陈玄礼回答："贵

妃不宜供奉，愿陛下割恩正法。"唐玄宗闻言，面显为难之色。高力士劝说："贵妃没有罪，然而将士已经杀了国忠，而贵妃在陛下左右，他们哪里能心安呢！愿陛下慎重决定，将士安，陛下才能安哪。"唐玄宗无奈答应。

杨贵妃得知后，平静地跟随高力士走进了佛堂。这一天，杨贵妃被缢杀在佛堂之上。

∽ 收复两京 ∾

太子李亨带兵去夺长安，七月，自行登基称帝，就是唐肃宗。唐肃宗即位时，尊唐玄宗为上皇天帝，大赦天下，改年号为至德。

太子称帝后，唐玄宗一行终于到达益州，随行人员只剩下一千三百多人，唐玄宗此时已经是身心疲惫。八月，唐肃宗自立为帝的消息传来，唐玄宗释然，让大臣们带着玉玺前去觐见新皇帝。

安禄山称帝之后，便常常居住在深宫之中，很少见将军和大臣的面，政事大多通过心腹大臣中书侍郎严庄上奏。安禄山最宠爱的妃子是段夫人，爱屋及乌，她的儿子安庆恩便成了他心目中太子的不二人选。安禄山的次子安庆绪对此惶恐不已。

严庄私下面见安庆绪，请他在关键时刻大义灭亲，又联系了安禄山的贴身宦官李猪儿。安禄山从称帝后，性格就越来越暴躁，时常责打甚至杀死身边伺候的人，李猪儿挨打最多。

这一天，安禄山召集群臣，准备商议对抗唐朝勤王军的事情，可是刚刚上朝，便感到身体不适，只草草说了一些军事战略布置就散朝了。

入夜以后，安庆绪便和严庄一起手持兵器守在安禄山的大帐外，李猪儿则拿着一把刀溜进帐中，砍死了安禄山。之后，由严庄出面宣布安禄山已死，遗诏立晋王安庆绪为太子，立刻登基，然后才为安禄山发丧。

安庆绪和严庄在稳定洛阳之后，无心经营长安，开始将政治中心转向幽州。此时，河北史思明却一直盯着洛阳。

唐肃宗至德二年（公元 757 年）八月，兵部尚书郭子仪建议向军事力量比较强的回纥借兵。九月，天下兵马元帅广平王李俶率领着战斗经验丰富的朔方等镇军队和从回纥、西域借来的精兵共十五万，从凤翔出发，向长安挺进。

各路大军在长安城西郊会合，收复了长安城。十月十八日，广平王李俶率军攻入洛阳。长安和洛阳的收复极大地鼓舞了大唐军民的士气。

❧ 归义王不义 ❧

手握大军的史思明渐渐不服安庆绪管制，为了稳住史思明，安庆绪封他为妫川王，兼范阳节度使。安禄山从洛阳和长安掠夺到的金银珠宝都被运到了范阳，史思明顺势接收了这堆积如山的财宝。

唐军收复洛阳后，安庆绪逃到了邺郡，招兵买马，召集旧部，又在河北诸郡招募军队，很快手下军队就达到了六万之众。然而，史思明没有派兵前来，甚至连一个使者都没有派过来。安庆绪遂派遣自己的心腹阿史那承庆、安守忠带五千精骑到范阳去征兵，准备找机会除掉史思明。史思明思量再三，决定先下手为强。

史思明将阿史那承庆和安守忠囚禁起来，然后派部将窦子昂带着自己写的表章和八万兵马前去京师请降。唐肃宗很高兴，当即下旨封史思明为归义王、范阳节度使，史思明的七个儿子也被授予了很高的官职。

史思明的率众投诚，使唐肃宗认为彻底消灭安庆绪的时机已经到了。乾元元年（公元 758 年），唐肃宗下令征讨安庆绪。安庆绪在城中固守不出，郭子仪便率军围城，李光弼的大军也赶到邺郡城下。官军越聚越多，安庆绪情急之下派人去向史思明求救，承诺只要史思明肯来救援，就把皇位让给他。

史思明果真打败了围攻邺郡的官军，安庆绪却不愿意守约让位。于是，史思明将安庆绪骗入自己的营帐将其杀死，安庆绪所掌控的州、县及军队全部归入史思明手中。史思明让儿子史朝义留守邺郡，自己带领大军回归范阳。回到范阳后，史思明宣布继承安禄山的国号大燕，自称大燕皇帝，改元顺天，改范阳为燕京。大唐官军与安庆绪大战一场，却让史思明渔翁得利。

烽烟灭

史思明多疑残忍，动辄杀人甚至灭人九族，他身边的大臣、随从人人自危。史思明的长子史朝义一直跟随史思明南征北战，非常爱护士兵，因此在军中威望很高。然而史思明却总想杀了史朝义，将小儿子立为太子。史朝义和他身边的将领都惶恐不安，唯恐哪一天会大祸临头。

有一次史思明在外征战，晚上住在鹿桥驿，史朝义的部下骆悦等人带领三百士兵冲入驿馆，缢杀了史思明。史朝义登基为帝，改元显圣。

宝应元年（公元 762 年）三月，唐肃宗去世，太子李豫——原来的广平王李俶继承皇位，成为代宗。唐代宗登基之后，朝局渐趋稳定，宣布大赦天下，对于叛将回归一律宽大处理，叛军军心动摇。

十一月，唐军与史朝义军在洛阳城外决战，史朝义军几乎全军覆没，洛阳重新回到了唐王朝的手中。

宝应二年（公元 763 年）春天，史朝义的大将田承嗣献莫州投降，还将史朝义的母亲及妻子一起献给了唐军。史朝义带人逃往范阳，谁知部下李怀仙也投降了唐军，并献出了范阳。走投无路的史朝义自缢而死。就这样，持续了多年的安史之乱从史朝义之死戛然而止。

安史之乱虽然终结，但它留下的影响却难以磨灭。这之后，唐王朝的政局发生了很大的变化。藩镇的权力被推向了极致，超过七十五万军队不受中央的控制；在安史之乱中大量北方人口南迁，导致经济向南方倾斜；西域、甘肃、宁夏地区逐渐脱离大唐的控制；北方的契丹、女真、蒙古等部族发展壮大起来。

知识拓展

《秦王破阵乐》与《霓裳羽衣曲》

贞观年间，李世民与众大臣共同参与创作了一部《秦王破阵乐》，这是一部歌颂唐太宗李世民统一中国、以武功定天下的大型艺术作品。歌舞"发扬蹈厉，声韵慷慨"，音乐"声震百里，动荡山谷"。舞蹈具有浓厚的战阵气息，令观者"凛然震竦"。

而唐玄宗李隆基则创作了一部《霓裳羽衣曲》，在艺术史上的地位不容忽视。唐玄宗精通音律，相传一日梦游月宫，耳闻仙乐、目睹仙舞后创作

了《霓裳羽衣曲》和《霓裳羽衣舞》,《霓裳羽衣曲》是古代最优秀的宫廷乐舞曲之一,它以悠扬典雅、虚无缥缈的特色闻名于世。

✤ 有理想的君王 ✤

宦官专权问题在晚唐时愈演愈烈,终于到了一发不可收拾的地步。

唐文宗名李昂,是唐穆宗次子,唐敬宗的亲弟弟。唐敬宗死后,年仅十七岁的江王李涵改名李昂,正式继承皇位,改元太和。他之所以能够继承皇位,完全是因为宦官之间的争斗。

唐文宗早在当江王的时候,就产生了"中兴唐室"的想法,突如其来的皇位对他来说是一个实现夙愿的机会。所以唐文宗登基后不久,就开始进行大规模的改革。

此时,整个朝廷奢靡成风,唐文宗即位之后将后宫多余的宫女释放回乡,将五坊内各种珍稀的观赏动物放归山林,还免除了四方进贡,并将皇宫强占百姓的土地全部归还,停止了一切享乐设施的修建。

唐文宗即位之初,朝廷各个机构冗官的现象较为严重,不仅浪费国家的财政收入,还大大降低了办事质量和效率。唐文宗统计了各部门的官员人数后,下旨将一千二百多名官员遣放还乡。

唐文宗十分勤勉,他下令恢复了单日听朝、双日放朝的制度,风雨无阻。为了了解民间的疾苦,更好地治理国家,他将臣子们都召集起来,一起讨论治国之道。因为他的努力,朝廷中形成了一种多年未出现的清平氛围。

◟ 苦涩的甘露 ◞

唐文宗太和九年（公元 835 年）十一月二十一日，在宰相李训的授意下，大臣韩约在朝堂上奏报说金吾厅出现了难得一见的祥瑞，后院的石榴树上降下了甘露。听闻祥瑞出现，唐文宗大喜过望，马上下旨命文武百官前去观赏，当然其中也包括了当时掌权的宦官。其实，甘露祥瑞是假，李训等人想借此机会除掉宦官是真。

一行人到了含元殿后，唐文宗先是派了李训前去金吾厅察看情况。李训回来报告说甘露似乎不是很真实，请唐文宗不要宣扬。唐文宗对此事深表怀疑，便命大宦官仇士良和鱼弘志带着宦官们前去看个究竟。

仇士良等人进入金吾厅的后院，围到石榴树下看祥瑞。旁边的韩约十分紧张，汗流满面。韩约的反常引起了仇士良的注意，就在仇士良询问他怎么了的时候，金吾厅后院突然刮起一阵狂风，风吹起幕帐一角，将早早埋伏在里面的将士暴露出来。仇士良一见，马上带领众宦官回撤到含元殿。李训见计划被打乱，马上下令提前动手，同时命金吾厅的卫士们赶快前往含元殿保护唐文宗。

此时，宦官们正带着唐文宗从含元殿撤离。李训见状，马上阻拦，但孤掌难鸣，宦官们还是抬着唐文宗的御驾进入了宣政门，宣政门随即大门紧闭。

仇士良派神策军从三面包围了朝臣们办公的场所，没能出宫的官员全部被斩杀。这场风波前前后后延续了十几天，共有六七百名朝臣被斩杀，这便是著名的"甘露之变"。

唐文宗多年来想要铲除宦官的理想破灭，而宦官们在"甘露之变"后更是提高了警惕，一方面将唐文宗软禁，一方面想尽办法巩固手中的权力。

唐文宗的意志逐渐消沉，他无心问政，终日饮酒消愁，带着未完成的理想，惨淡地度过了余生。

❧ 推出来的皇位 ❧

颍王李瀍十分喜爱游玩，游历过很多名山大川、历史名城。李瀍到达邯郸时，喜欢上了一位王姓歌伎，她不仅美艳惊人，而且歌舞俱佳。颍王便娶了她为妃。

唐文宗病重时，突然决定立陈王李成美为太子，但还未册立便不省人事。仇士良等人在杨妃的帮助下篡改圣旨，同时派出神策军前去迎接安王李溶，欲偷梁换柱。

可是，匆忙之间派去十六王宅的神策军连要迎接哪位王都没弄清楚，只知道要"迎接大的"。同住在十六王宅里面的安王和颍王都听到了外边的喧哗，但在没有确定情况之前谁都不敢贸然行动，气氛就这样僵持住了。

这时，颍王妃王氏突然从容地走到神策军将士和宦官面前，用清亮的嗓音说："'大的'说的就是颍王殿下。你们看颍王殿下身材魁伟，连当今皇帝都称他为'大王'。"见众人愣住，王氏继续说道，"颍王与仇中尉是生死之交，经常一块儿喝酒的！"说完，王氏转身把藏在屏风后边的颍王李瀍推了出来。

颍王李瀍生得高大魁梧，和王氏所说无异，神策军便拥李瀍上马，护送到少阳院。仇士良看到李瀍，知道是迎错了，可此时已无法再耽搁，只好将错就错，拥立颍王为皇太弟，几天之后即位，是为唐武宗。

唐武宗因长年在外游历，接触社会较多，更能够为百姓们着想。他能够虚心接受臣下的建议，知人善任，也少了一些迂腐的书生气，这在历朝历代的皇帝中都十分少见。

唐武宗在位时期，任用历史上有名的李德裕为宰相，藩镇之乱和宦官之祸得到了极大的遏制，对冗官进行了裁减，对贪污等行为进行严惩，改变了唐朝后期的局面，使得国家渐渐回复元气。因此，这个时期被后人称为会昌中兴。

❧ 昏庸和英明并存 ❧

唐武宗时期的君主之治，可以说是昏庸和英明并存，唐武宗喜好玩乐，疯狂沉迷于各种游戏。令人稍感欣慰的是，唐武宗并不是一个只懂得游玩享乐的君主，他在疯玩之后依旧能保持清醒的头脑。

唐朝在举行宴饮时喜好行酒令，唐武宗听说扬州的女伎多才多艺，尤其擅长行酒令，便命令驻在扬州的淮南监军使在当地选取十七名女伎献入宫中。为了逢迎君主，淮南监军使要求当时的淮南节度使杜惊再加选一些良家美女，教她们练习行酒令之后一起进献到长安。

杜惊为人颇为正直，拒不参与此事。淮南监军使见杜惊如此固执，一怒之下就弹劾了他。唐武宗接到奏表后，沉默了许久，随即下令淮南监军使停止选美的活动。不久之后，淮南节度使杜惊入朝拜相。

唐武宗在位期间最成功的一大举措，就是重用了宰相李德裕，可以说他中兴大唐，有很大一部分是李德裕帮他完成的。李德裕向唐武宗提出了政归中书的政策，并公开让武宗简政放权。唐武宗欣然接受。

唐武宗在位的六年，李德裕帮助唐武宗内制宦官、外平回鹘，淘汰冗官，可以说功绩赫赫。其中较为有效的就是对吏治的整顿。为了提高朝廷各部门的行政效率，节省国库的开支，李德裕在唐武宗的支持下，开始大刀阔斧地裁减冗余官员。李德裕和唐武宗还对贪污、腐化等行为进行严惩，以此来加强集权管理，提高办事效率。

会昌年间的政治局面达到了相对清明的状态。

❧ 装傻得皇位 ❧

唐宣宗名李忱（原名李怡），是唐宪宗的第十三个儿子，封为光王。

光王李忱为人沉默寡言，不善与人交谈。因为和其他人几乎没有利益冲突，所以王爷们对他的态度也很特别，他们既同情这个呆头呆脑的王爷，又忍不住经常戏弄和取笑他，也从没有人重视过他。

唐武宗时期，李忱有一次随同唐武宗外出，在回来的途中，李忱不慎落马，当时就昏迷了，但他周围居然没有任何人发现。那时正值寒冬，半夜时，他竟然自己苏醒了，醒来的他浑身冰凉，没有一点儿力气，而四周空无一人。危急中，一个巡夜之人发现了奄奄一息的李忱，取了一碗水给他。李忱喝了水后，身体逐渐恢复了知觉，便跟跟跄跄地走回了住所。

唐武宗病重，长子只有几岁。于是，宫中宣布了唐武宗的诏书，立光王李忱为皇太叔，代理国事。在之后的日子里，皇太叔李忱开始处理政事，而他举手投足间表现出的自信与果敢，和之前那个木讷的光王简直判若两人，积压了数月的政务在他手中被快速地处理完了。

会昌六年（公元 846 年）三月二十三日，唐武宗驾崩，皇太叔李忱正式即皇帝位，是为唐宣宗。这一年，李忱三十七岁，是唐朝即位新君之中年龄较大的一位。

❧ 姓牛还是姓李 ❧

唐宪宗时，朝廷之中就有所谓的"牛李党争"。牛党的代表人物是牛僧孺和李宗闵，而李党的代表人物就是李德裕。又因为在牛党之中，李宗闵所起的作用比牛僧孺更大，所以又有"二李党争"的说法。"牛李党争"是中晚唐时期影响最大、持续时间最长的一次政治斗争，和唐朝后期的治乱兴衰关系密切。

当时，科举考试让出身低微的知识分子得到了进入仕途的机会，打破了旧的门阀等级界线。庶族的平步青云让养尊处优的士族感到强烈的心理失衡。

唐宪宗元和三年（公元808年），朝廷照例举行"贤良方正能言直谏科"考试，李宗闵和牛僧孺都是这一年参考的士子，在策文中二人不约而同都写了藩镇的策略，都认为不该对藩镇大加征讨。李、牛二人才华横溢，被"擢为上第"。但当时的宰相李吉甫是主战派，牛、李二人当然没有得到重用。

唐穆宗长庆元年（公元821年），李宗闵、牛僧孺终于进入朝廷为官，而此时与他们同朝的是李吉甫的儿子李德裕。这一年，朝廷又举行考试，却有人揭发科考舞弊。时任翰林学士的李德裕和李绅建议唐穆宗严肃处理此事。李宗闵受此事牵连，被贬剑州。牛党和李党之间的斗争正式拉开序幕。

唐文宗即位后，牛僧孺等人被贬职。之后的唐武宗起用李德裕为相，唐武宗会昌年间是李党的繁盛期，李宗闵等牛党人都被打压。唐宣宗上台后，开始了权力重组，唐武宗信赖的官员一律弃之不用，将李德裕罢相，一贬再贬，最后李德裕死在了崖州任上。牛李党争至此结束。

李党是庶族的代表，牛党是士族的代表。换言之，这就是士族阶级与庶族文人之间"不是你死，就是我亡"的政治角力。

知识拓展

小太宗

唐宣宗即位之初，朝臣对这位有些"呆"的皇叔没抱多大希望，但宣宗却凭自己的努力，让天下人对他另眼相看。

为了了解官员们的情况，以便将他们的才华用在可用之处，唐宣宗特意命宰相们编撰了一部《具员御览》放于案头，以便随时浏览。前朝的高官太过泛滥，唐宣宗则十分珍视官位的授予，就算是一般官吏的任免，唐宣宗也要亲自审查，绝不听信一面之词。

唐宣宗初年，本来被吐蕃所占的秦、原、安乐三州和原州七关陆续归顺了朝廷。在此之后，还收回了河西走廊的控制权，并在沙州设置了归义军。

唐宣宗的屏风上书写着整部的《贞观政要》，他也经常阅读此书。而他被称为小太宗，还因为他和唐太宗一样善于纳谏。

唐宣宗上朝时必定正襟危坐，无论多久都不露一丝倦怠之意，以至于当时的宰相令狐绹说，每次上朝他都紧张得汗流浃背，不敢出一丝差错。但公事一结束，唐宣宗便和颜悦色起来，或谈天说地，或一起游玩，和大臣们相处得像朋友一样。

❧ 满城尽带黄金甲 ❧

黄巢原本是一个盐商家的孩子，他精通骑射，颇有文采。小时候，黄巢的父亲让他以菊花为题作一首诗，黄巢随口就成："飒飒西风满院栽，蕊寒香冷蝶难来。他年我若为青帝，报与桃花一处开。"他自幼就有凌云之志，但是多次参与科举，却屡试不第。郁愤之中，他再赋菊花诗："待到秋来九月八，我花开后百花杀。冲天香阵透长安，满城尽带黄金甲。"

唐僖宗乾符元年（公元 874 年），关东大旱，颗粒无收。当地的官员不但没有给予百姓们帮助，反而还强迫他们缴租税、服差役。当黄巢听到王仙芝起义的消息后，便也揭竿响应。黄巢和王仙芝到处征战，在短短的数月之中就把队伍发展到了数万人。

黄巢的军队最初在山东、河南等地转战，成功攻占了八个县。到了乾符三年（公元 876 年）九月，黄巢和王仙芝的军队攻占了汝州，目标指向东都洛阳。

受到威胁的朝廷看到起义军来势汹汹，派军平叛效果并不是很好，因此下令招安，将王仙芝封为左神策军押牙兼监察御史。对于这次招安，黄巢非常反对，最终招安以失败告终。从这以后，黄巢、王仙芝就开始分兵行动。

乾符五年（公元 878 年）二月，王仙芝在黄梅战败被杀。这时，黄巢正带兵攻打亳州，战事胶着不下，尚让率领着王仙芝的残部来投靠，黄巢的实力大增。这之后，黄巢成了整支起义军的首领，继续和唐王朝抗争。

唐僖宗广明元年（公元 880 年），黄巢军一路势如破竹，一直攻进了长安城，当时的金吾大将军张直方带领众人迎接黄巢进入城中。黄巢军

给贫民分发财物，受到了百姓们的热烈欢迎。十二月十六日，黄巢在含元殿称帝，建立了大齐政权，年号定为金统。

可惜没过多久，黄巢的那些部下就开始在城中烧杀抢掠、无恶不作，连黄巢也禁止不了。这为黄巢起义的失败埋下了伏笔。

当黄巢的起义军兵临长安城下时，唐僖宗没有来得及通知文武百官，也没有召集军队，就只带着身边的五百名神策军和福、穆、泽、寿四王及几个妃子从金光门逃出了长安。

唐僖宗命令全国的兵马一起进攻黄巢，收复京城。在围攻之下，黄巢军被困在长安近郊的一块狭小的空地上。

中和四年（公元884年）七月二十四日，黄巢兵败，这时身在成都的唐僖宗举行了一场盛大的献俘之礼，然后带着官员们高高兴兴地返回长安，宣布大赦天下，并改元光启。他希望从此以后唐王朝的统治能够和平稳定。遗憾的是，他的愿望并没有实现。

墙头草朱温

朱温幼年丧父，与母亲一起给别人做佣仆为生。二十多岁时，朱温加入了黄巢的军队。生活在社会最底层的朱温，对于金钱和权力的欲望十分旺盛，他不畏强暴、敢于抗争，同时也阴险凶残、首鼠两端。

在黄巢攻入长安时，朱温已经是深受黄巢重用的一员大将了。唐僖宗中和二年（公元882年）正月，黄巢任命朱温为同州刺史。

与同州一河之隔的地方是河中节度使王重荣的驻地，王重荣也曾经投降起义军，后来又再次倒向了朝廷。在和王重荣争斗的过程中，朱温投降了王重荣，于是唐僖宗任命朱温为同华节度使，赐名全忠。

中和三年（公元883年），黄巢的军队在李克用和朱温的围攻下被迫撒出长安。光复长安的功绩使得朱温被任命为宣武节度使兼东北面都招讨使，李克用也被任命为河东节度使。

面对连战皆胜的李克用军队，朱温心中感叹，他怕自己无法和李克用争夺权势与地位。于是，朱温热情地邀请李克用参加宴会。在宴会上，朱温十分谦恭，不停地向李克用敬酒。没过多久，李克用就喝得酩酊大醉了，只能在手下的搀扶下勉强站起来。就在这个时候，突然响起了震耳欲聋的喊杀声，朱温的士兵全副武装地涌进宴会厅，杀向李克用等人。被惊醒的李克用慌忙抵抗，拼尽全力突围而走。

在唐王朝最后的二十多年中，朱温和李克用一直处于敌对的状态，并且这种仇恨一直延续到他们的后代身上，导致五代十国时期后唐与后梁连年征战。

❦ 帝国日落 ❦

唐昭宗光化三年（公元900年），宦官集团囚禁了唐昭宗，太子李裕在懵懵懂懂间被扶上皇帝宝座。

宰相崔胤恳求朱温发兵平乱。朱温的谋士李振力劝朱温出兵勤王，趁此机会，将天子控制在自己手中。朱温当即出兵，助唐昭宗复位。

天祐元年（公元904年），唐昭宗在朱温的胁迫下踏上了前往洛阳的旅途。各地藩镇接到唐昭宗的求援，纷纷起兵攻打朱温。朱温派兵分头迎击。不久，唐昭宗来到洛阳，成为朱温的傀儡。

朱温仍然不放心，将侍奉唐昭宗日常起居的少年侍从、供奉二百余人一夜之间全部处死，换上早已选好的数目相同、年纪相仿的自己人。可怜唐昭宗过了很多天才惊觉。

各地藩镇不断掀起反对朱温、匡复唐室的浪潮。为了彻底打消其他藩镇的念想，朱温决定将唐昭宗斩草除根。这日深夜，全副武装的士兵闯入内宫，杀死了唐昭宗。年仅十三岁的辉王李柷即位，这就是唐朝的最后一位皇帝——唐哀帝。

第二年为唐昭宗下葬时，朱温将唐昭宗剩余的皇子灌醉后全部杀死。唐帝国的灭亡进入了倒计时。

在朱温的示意下，唐哀帝将朝中的官员三十余人贬职，流放到外地。当他们走到滑州白马县的白马驿时，朱温将他们统统杀害。这场史称"白马之祸"的大屠杀后，朝堂几乎空无一人。

朱温出兵攻打幽州刺史刘仁恭。刘仁恭向李克用求援，李克用随即出兵进攻朱温的侧翼潞州。原本镇守潞州的丁会得知朱温弑唐昭宗企图篡位的恶行后，便向李克用投降，朱温的老巢汴州一带顿时门户大开。

正在全力进攻沧州的朱温只得退兵。为了提振士气，朱温决定正式称帝，定国号为梁，改汴州为开封府，定为国都。禅位后的唐哀帝则被封为济阴王，囚禁于曹州。第二年，末代唐皇也被朱温斩草除根。

唐朝覆亡，中国进入一个四分五裂、纷乱不休的时期——五代十国。直到北宋建隆元年（公元 960 年），宋太祖建立宋朝，中国才再次统一。

知识拓展

宦官的末日

为了进一步打击宦官的势力，在崔胤的建议下，唐昭宗为"甘露之变"中被宦官屠杀的朝臣们平反。紧接着，崔胤又收回了原本被宦官控制的酒曲专卖权，允许天下人自行造酒曲。

　　崔胤原本打算从政治上和经济上全面限制宦官，没想到弄巧成拙。原来，各个藩镇也有酒曲专卖权，酒曲专卖权的废止固然使宦官断了财路，但各个藩镇也损失很大，凤翔镇就是其中之一。大为不满的凤翔镇节度使李茂贞对此极力反对。

　　韩全诲、张彦弘同李茂贞关系不错，便趁机拉拢李茂贞，商议发动兵变，除去崔胤。崔胤只得求助朱温，催促朱温尽快进兵长安。宦官抢先一步得知了朱温出兵的消息，命禁军发动了兵变，胁迫唐昭宗迁往凤翔。

　　与此同时，朱温的大军顺利进入长安，与留守的崔胤会合。经过商议，二人决定迅速出兵凤翔，抢回唐昭宗。势穷力竭的李茂贞只得向朱温表示愿意诛杀宦官，奉送唐昭宗返回长安。

　　宦官的末日终于来到了。在朱温和崔胤的合谋下，唐昭宗下令罢免了宦官担任的所有职务，并将各藩镇中担任监军的宦官全部召回。除了几十名未成年的小宦官，其余七百余名宦官全部被集中在内侍省杀死。唐朝延续数百年的南衙北司之争至此彻底结束了。

北宋卷

武将的悲哀

～ 陈桥兵变 ～

某日黎明时分，天地间雾霭迷蒙，雨雪欲垂，陈桥驿外有火光闪动，在这晨雾之中犹如引导前路的幽灯。幽灯越聚越多，最后火光照亮了整个驿站。只见陈桥驿内外驻扎了百余顶帐篷，万余名兵士手持火把穿梭于帐篷之间，往来奔走。

正当此时，主帐内一阵骚动，一个衣衫尚未穿好、犹有几分醉意的高壮男子被几人拥出帐外。他尚未站定，周围蓦然响起士兵的呐喊："诸军无主，愿奉都点检为天子。"不及男子回应，拥他出帐的几人便将早已准备好的金色龙袍披在他的肩上。官兵纷纷跪地，直呼："万岁、万岁、万万岁！"一时间声音响彻云霄，打破了晨曦的静谧。

男子慌忙俯身半跪在地，对众将道："这可使不得，我何德何能，怎可当皇帝……"他嘴上虽然推托，但嘴角却露出一丝不易察觉的笑意。

下一刻，众将已不顾他推托，硬是将他"逼"上了马。看来，他这个皇帝不当也不成了。于是将士们收拾行囊，掉转马头，直逼汴梁。百姓们还都沉浸在节日早晨祥和的气氛当中，却不知江山此刻便要易主。

后周显德七年（公元960年），赵匡胤发动陈桥兵变，夺得江山，结束了中原几十年混乱的局面，建立了宋朝。五代十国的大分裂时代，老百

姓渴望安宁的日子，统一是大势所趋。

赵匡胤在建国之后采取了一系列重大措施：对内铲除藩镇势力，加强中央集权；重农工而抚民；对外削平南方割据政权，一统江山。

这些政策的施行，使得宋朝至少五十年"政通人和，百废俱兴"。

❦ 杯酒释兵权 ❦

"陈桥兵变"后，宋太祖尽管已黄袍加身，但五代十国时期"废置天子，变易朝廷"的军事政变时有发生，让他不得不担心河山再易主的问题。开国大将们的飞扬跋扈和后周旧臣的叛乱，让他意识到，对帮助自己夺取江山的石守信、王审琦等握有重大兵权的节度使武将，实在不能不防。

历朝功高夺位者比比皆是，赵匡胤的担心不无道理。但是，功臣们大多掌握兵权，不能硬逼；他们都是赵匡胤的拜把兄弟，杀功臣也有失民心。所以，赵匡胤并不想将功臣击杀。

如此左右思量，加上谋臣赵普的推波助澜，宋太祖在登基第二年七月的一天晚朝时，设宴招待石守信、王审琦等高级将领。酒兴正浓时，宋太祖屏退了侍从，唉声叹气地说："要不是靠你们出力，我到不了这个地位，我心里一直念着大家的功劳。可是，当天子还不如做节度使快乐，我没有一天敢安枕而卧啊！"

石守信等人惊骇地问他怎么了，宋太祖接着说："这不难知道，我这个皇位谁不想要呢？"

石守信几个人听出来这话中有话，连忙叩头说："陛下为何这样说，天命已定，谁还敢有异心呢？"

宋太祖说："就算你们无异心，哪天你们部下想要富贵，把黄袍加在你的身上，你即使不想当皇帝，到时候恐怕也是身不由己了。"

这些将领知道已经受到猜疑，弄不好还会丢了性命，一时间百感交集地哭了起来，请求宋太祖给他们指一条可生之途。

宋太祖缓缓说道："人生短促，人们追求的无非是多聚金钱，多多娱乐，使子孙后代免于贫乏而已。你们不如放弃兵权，去多置办良田美宅，为子孙立长远产业；同时多买些歌姬，日夜饮酒尽欢，以终天年；朕再同你们结为亲家，君臣之间互不猜疑，上下相安，这样不是很好吗？"

石守信等人见宋太祖已把话讲得很明白，而且当时宋太祖已牢牢控制着中央禁军，几个将领纵使千百个不愿意，也不敢不把兵权交出来。于是宋太祖只用金银财宝和徒有虚名的节度使官衔，便将众人的兵权收了回来。

"杯酒释兵权"既防止了强将功臣造反，又收归军权，加强了中央集权，基本上消除了兵变的可能性，成功地防止了宋王朝成为短命王朝。文臣政治真正确立了起来。

∽ 天下统一 ∾

五代十国的乱世局面，在喧闹了几十年后，由宋朝夺得了中原。然而此时并非天下归一，在宋朝周边还有很多垂涎中原这块土地的恶狼，那便是十国。宋太祖赵匡胤在"杯酒释兵权"之后，将军权一手掌握，处理了"内忧"的问题，紧接着需要解决的必然是十国这个"外患"。

赵匡胤先后灭掉南平、后蜀、南汉几个南方割据政权。南唐位于宋的东南，与其接壤，在赵氏得到中原的时候，南唐国主惧怕赵匡胤的铁军，因此年年向宋朝进贡，以求残喘。这是十国之中对宋王朝最没威胁的一国，但是赵匡胤在处理完身边其他小国之后，毫不犹豫地发动了消灭南唐的战争。

南唐国主李煜派使节去质问赵匡胤:"李煜以小事大,如子事父,未有过失,奈何见伐?"赵匡胤却说:"卧榻之侧,岂容他人酣睡?"

当时,辽国占据了后晋国主石敬瑭割让的燕云十六州。在燕云十六州和宋之间还有一个北汉政权,北汉一直得到辽国的支持,因此赵匡胤不敢轻易发兵,唯恐宋与北汉相争,被辽渔翁得利。

赵匡胤早在多年前便到赵普家中与赵普商量如何将北汉拔去。赵普却认为,北汉恰好可以成为阻挡辽入侵宋的屏障,至少在几年之内能保大宋北部平安;而南方的国家大部分较弱,先统南再平北是最好的选择。

宋军攻破江宁后,南唐灭亡,赵匡胤完成了全国大部的统一。

赵匡胤突然离开人世之后,其弟赵光义奉"遗诏"即位,是为宋太宗,兄长统一天下的未竟心愿自然落在了他的身上。

宋太宗收归吴越、平定北汉之后,想一举收复燕云十六州,几次出兵都没有成功。但太祖、太宗两人已经将宋朝的江山规模定了下来,与辽、西夏、大理并立于九州之上。

☙ 澶渊之盟 ❧

燕云十六州关系到中原的安危,宋太宗三次北伐,也没有收复燕云之地。到了宋真宗年间,辽国南侵的野心终于凸显。

景德元年(公元 1004 年),辽前锋统军萧挞凛率领二十万大军越过瓦桥关,攻取高陵,直抵澶渊,即将饮马黄河,直逼中原。朝中闻此消息,顿时乱作一团。是战是降,争论不休。宋真宗如坐针毡,问宰辅们该如何应对。毕士安和寇准合议请宋真宗御驾亲征澶渊。但何时动身,

宋真宗仍犹豫不决。

边防告急的信一夕之间数封，寇准扣而不发，饮笑自如。可宋真宗按捺不住了，招来寇准问他如何是好。寇准直截了当地告诉宋真宗，只要他肯亲自去澶州督战，军将见了皇帝肯定会士气大振，此战必赢。宋真宗无奈，硬着头皮披挂上阵。

皇帝来看士兵打仗了！作为士兵，若看到高官亲自来鼓励他们，冲杀得便很起劲，更何况是皇帝亲临？宋真宗一上澶州北城楼，顿时一呼而百应，大家霎时来了劲头，一举打败了辽军。

弯弓搭箭，一道长虹飞越战场上的晴空，直入辽军主帅头颅，辽军主帅带着一蓬鲜血跌下马去。辽军一见主帅阵亡，顿作鸟兽散，弃甲曳兵，奔走逃亡。

萧太后于帐内得此噩耗，痛心疾首，又无力再与宋军对抗，只好求和。寇准死活不答应议和，想逼辽对大宋称臣，并献出幽州之地，以此保宋朝百年平安。但有人不安好心，在皇帝面前大进谗言，污蔑寇准，说他想凭兵权巩固和扩大势力。这话立刻让寇准无法再说话了。

随后，宋朝派曹利用到辽军中商议和谈的事情。曹利用问宋真宗，如果辽提出经济要求，最多能给多少。宋真宗说百万之下都可以接受。曹利用告退之后还没去辽营，便被寇准叫了过去。寇准警告他说："尽管圣上答应可许百万，可若是你谈的超过三十万，我就砍了你的脑袋。"曹利用当然不敢违背宰相的嘱托，来到辽军营中，几经交涉，果然以三十万岁币达成和约。他回来之后，宋真宗一听说只要三十万岁币，高兴得手舞足蹈。

力求和平的宋真宗终于与辽达成和议，订立澶渊之盟，每年供给辽三十万岁币。此后宋辽两国百年间不再有大规模的战事，宋朝开始向经济繁荣的道路上发展。

知识拓展

忠烈杨家将

宋太宗决定收复燕云十六州，发起了雍熙北伐。当时，宋太宗派三路大军分路进攻辽国，由潘美、杨业带领的一路人马出了雁门关，很快就收复四个州。但是曹彬一路的主力因为孤军深入，被辽军杀得大败，于是宋太宗立刻命令各路宋军撤退。

潘美、杨业接到命令，就领兵掩护四个州的百姓撤退到狼牙村。当时辽军已经占领寰州，攻势很猛。杨业建议派兵佯攻，吸引辽军主力，并派精兵埋伏在退路的要道，掩护军民撤退。监军王侁根本不懂兵法，反对杨业的意见，还责备他避敌。

杨业很无奈，只能正面迎敌。他让主将潘美在陈家峪谷口两侧埋伏好步兵和弓弩手，等自己兵败之后退到这里，他们再带兵接应，两面夹击，也许有转败为胜的希望。

杨业于是带兵前进，果然遭到辽军的伏击。杨业虽然英勇，但是辽兵像潮水一样涌上来。杨业拼杀了一阵，抵挡不住，只好边打边退，把辽军引向陈家峪。哪知道潘美并没有接应他，杨业见此情景，知道自己被人出卖，只好带领部下转身跟追上来的辽军展开搏斗。兵士们个个奋勇抵抗，但是辽军越来越多，兵士都战死了，杨业的儿子杨延玉和部将王贵也在其中。杨业身上受了十几处伤，浑身是血，杀伤了几百名敌人，终被辽军俘虏在辽营里绝食而死。

庆历新政

北宋仁宗庆历年间，官僚队伍庞大，行政效率低，人民生活困苦，辽和西夏威胁着北方和西北边疆，社会危机日益严重。

内外交困之下，宋仁宗痛下决心进行改革，他任命范仲淹、富弼、韩琦同时执政，欧阳修、蔡襄、王素、余靖同为谏官。宋朝历史上有名的庆历新政由此开始了。

新政实施的短短几个月，政治局面已呈现出崭新的面目：官僚机构开始精简；以往凭家庭关系做官的子弟，受到重重限制；昔日单凭资历晋升的官僚，增加了调查业绩、品德等内容的程序，某些领域特别优秀的人员得到破格提拔；科举考试中突出了实用性内容的考核；全国普遍办起了学堂。

要改革就要牺牲士大夫阶层的利益，牺牲了士大夫就动摇了自己的统治基础，所以，宋仁宗最终选择了因循守旧，以稳定为大局。范仲淹、韩琦、富弼、欧阳修等人相继被排斥出朝廷，各项改革也被废止。

郁闷而死的名将

宋朝的周边强敌环伺，统治者不得不倚重武将，但又无法打消对他们的猜疑。在歧视、抑制武将群体的意识作用下，宋朝统治者长期使用文臣，甚至让不懂军事的书生指挥军队。一旦有杰出的军事人才出现，他们便视其为心腹之患，必欲除之而后快。在宋朝成为名将，就意味着人生的不幸。狄青就是不幸者中的一个。

宋仁宗年间的一天，汴梁城里热闹非凡，人们纷纷涌上街，争睹一

位传奇将军的尊容。这个将军就是狄青。

在京城老百姓的眼里，狄青是一位充满阳刚之气的美男子；在士兵心目中，狄青是他们的偶像；而宋朝皇帝见此情形，却好像看到了当年太祖被士兵拥戴而夺得天下的情景。

武将本就是宋朝统治者的一块心病，而狄青更是有着太多与赵匡胤相似的经历。狄青出身贫寒，十六岁时，因其兄与乡人斗殴，狄青代兄受过，被"逮罪入京"，开始了他的军旅生涯。狄青在宋夏战争中立下了累累战功，得到了陕西经略使韩琦、范仲淹的赏识，官拜枢密副使。前事不忘，后事之师，对这样一位杰出的武将，朝廷怎能不心怀忌惮?

狄青遭到排挤，被罗织罪名，仅做了四年枢密使就被贬官，贬到陈州，离开了京师。狄青到陈州之后，朝廷仍不放心，每半个月就遣使者去他那里看看情况，名曰抚问，实则是监视。这时的狄青已被这"三人成虎"的悲哀搞得惶惶不安，每次使者到来他都要"惊疑终日"，唯恐再生祸乱，不到半年，就郁郁而死，年仅四十九岁。

狄青每战皆披头散发，戴铜面具，一马当先，所向披靡。在四年时间里，参加了大小二十五次战役，身中八箭，但他从不畏怯。如此驰骋沙场、浴血奋战，为宋王朝立下汗马功劳的一代名将，没有死在战场上，没有在敌人的兵刃飞矢之中倒下，却死在了猜忌、排挤之中。

❧ 王安石变法 ❧

宋神宗时期，为了改变北宋建国以来积弱的局面，王安石发动了一场改革。

宋朝已顺当地过了百年，和平安定的日子过久了，人口不断增加，国家开支也大幅度增长；再者，和平对军队来说也不是一个百分之百的好消息，士兵队伍越来越庞大，战斗力却越来越弱；端"铁饭碗"的官员也越来越多，官僚体系臃肿，难免滋生蠹虫。所有这些，让国家财政成了问题。

在变法之前，王安石二十多年来政绩斐然，朝野交誉，仕途一帆风顺。当地方官期间，他在思考社会问题，摸索着如何变革。

宋神宗希望改变当前的局面，消除弊病，克服统治危机，他久慕王安石之名，于是重用王安石，熙宁二年（公元 1069 年），开始变法。

在这次改革中，王安石把理财作为当务之急摆在头等重要的位置上，变法内容涉及商业、农业、教育、军事各个方面，改革面之广，远胜庆历新政时期。总体来说，改革夺取了大商人的部分利益，照顾了农民，但更多的是让国库充实。

但是，变法在推行过程中，由于部分举措的不合时宜和实际执行中的不良运作，也造成了百姓利益受到不同程度的损害，加上新法触动了大地主阶级的根本利益，所以遭到他们的强烈反对。

当时的北宋吏治腐败，世风日下，整顿官场是传统儒家治国要务，而王安石的理财把财政商业化，挑战儒家传统，显然是过不了关的。最后，变法随着宋神宗去世而告终。王安石变法失败后，得胜的旧党一下子失去了攻讦的对手，内部分裂为"洛党""蜀党"和"朔党"三党，彼此之间争论不休，北宋也在王安石死后的半个世纪走向了灭亡。

帝王不曾读的治国"圣经"

宋朝建立以后，为了总结历史的经验教训，巩固自身统治，非常重视修史工作。北宋中期，欧阳修、宋祁等曾撰有《新唐书》《新五代史》等著作。但是，当时尚未有一部贯通古今、合乎要求的通史著作。从《史记》到《五代史》一千五百卷，读完一遍，很费时间和精力，而且不容易掌握线索及要领。司马光立志要写出一本适合需要的史书来。

司马光七岁的时候因为砸一口水缸而名满九州。当时他与小伙伴们在后院玩耍，一个小孩爬到缸沿上玩，一不小心，掉到缸里去了。缸大水深，眼看那孩子快要没顶了。别的小孩一见出了事，吓得边哭边喊，跑到外面向大人求救。小司马光却沉着冷静，搬起一块大石头就向水缸砸去，"砰！"水缸破了，被淹在水里的小孩得救了。当时东京和洛阳有人把这件事情画成图画，广为流传。

宋神宗支持司马光写书，除了允许他借阅官方所有的图书资料，还将颍邸旧书两千四百卷赐给司马光做参考，最重要的是，神宗亲命书名并作序。宋神宗认为此书"鉴于往事，有资于治道"，也就是能以历史的得失作为借鉴来加强统治，所以定名为《资治通鉴》。

《资治通鉴》是一部多卷本编年体史书，全书三百多万字，历时十九年完成。主要以时间为纲，事件为目，从周威烈王二十三年（公元前403年）写起，到五代后周世宗显德六年（公元959年）征淮南停笔，涵盖十六朝一千三百六十二年的历史。

《资治通鉴》自成书以来，历代帝王将相、文人骚客、各界人士均争相捧读。点评批注《资治通鉴》的帝王、贤臣、鸿儒，以及现代的政治家、思想家、学者不胜枚举。司马光以高瞻远瞩、"不下司马迁"的技

法，以知识渊博的史学专家作为编辑群，使千年紊乱如麻的史迹，得以条理分明地呈现于世。算上编年史的始祖《春秋》在内，中国此前还没有出现过比它更明晰、更精确的史籍，这是一笔知识财富。

　　然而就是这样一部被古往今来无数人推崇的经典著述，却恰好被司马光一片苦心设计好的读者——宋朝的统治者忽略了。他们并没有按照这部书上教导的去做人、做事、做皇帝。

知识拓展

梦溪园里有本"百科全书"

　　到了宋朝的时候，印刷业比以前更加发达，全国上下忙着出书刻书。成都印《大藏经》，刻板十三万块；国子监印经史方面的书籍，刻板十多万块。文化的交流和商业的兴起，让人们的沟通量和阅读量大增，光宋朝雕版印刷的书籍，现在知道的就有七百多种。

　　这样一来，问题就出现了，出版商忙得不可开交，供稿方催了一遍又一遍，都几年了，一本书还是迟迟刊印不出来，哪比得上现在的速度。更重要的是，好不容易出来的版片，印出的书却上不了"畅销榜"，不再重印，雕得好好的木板就没用了。

　　北宋庆历年间，一个叫毕昇的人解决了这个难题，字"活"了，可随时拼版，印完后，还能拆版，活字可重复使用，且活字比雕版占用的空间小，容易存储和保管。

　　不只是印刷术，宋朝科技在当时的世界上基本都处于领先的地位。

学者给了宋朝高度的评价:"宋代中国是前现代的'高科技'之家:造纸、印刷、火药、罗盘虽然多发明于前代,但至宋代成为大规模制造业。"

沈括的《梦溪笔谈》正是一本囊括当时科技成果的总结,涉及天文、数学、物理、化学、生物、地质、地理、气象、医药、农学、工程技术、文学、史事、音乐与美术等多个领域,可谓宋代的一部百科全书。

能写出这本书的人当然不简单,沈括当年也积极参与变法运动,受到王安石的信任和器重,担任过管理全国财政的最高长官三司使等重要官职。王安石变法失败后,沈括自然也没有好日子过:先是被诬劾贬官,后来守边疆,小有成就,不久又遭诬陷,晚年干脆专心写《梦溪笔谈》。

韩公廉等人制造的水运仪象台,苏颂的《新仪象法要》、王怀隐等主编的《太平圣惠方》、贾黄中等编纂的《神医普救方》,见证了宋朝天文、医药的发展。

宋代的物质文明和精神文明所达到的高度,在中国整个封建社会历史中,可以说是空前绝后。

南宋卷

偏安一隅

🐾 宗泽抗金 🐾

靖康二年（公元1127年），金兵大举南侵，将开封洗劫一空，挟持徽、钦二帝及后妃、宗戚三千余人北撤，北宋王朝覆灭。历史上称为"靖康之变"。

同年，赵构在南京应天府即帝位，改年号建炎，是为宋高宗，南宋时期从此开始。

宗泽曾经在"靖康之变"前临危受命，出任磁州知州。他为人刚直豪爽，沉毅知兵。到任后，积极修复城墙，整治兵器，招募义兵，广集粮饷。不久，受封河北义兵都总管，率军击退来犯的金兵。金兵再次包围开封的时候，宗泽率军至开德，与敌十三战，全部取胜。

南宋建立后，宗泽力主抗金，不断上疏陈说中兴拨乱大计。在李纲的极力举荐下，宋高宗任命宗泽为东京留守。

宗泽召集王善、杨进等义军协助防守，又联络两河"八字军"等部协同抗金，打了几个漂亮的胜仗，打得入侵的金军溃不成军，尽弃辎重，还拨给岳飞五百骑兵，让他崭露头角，极大地鼓舞了各地宋军的斗志。

宗泽一面筹划北伐，一面加紧上疏乞请宋高宗回銮。在不到一年的时间里，宗泽接连上了二十四封《乞回銮疏》。在准备北伐期间，宗泽又分别派遣属吏三次赴扬州，面奏北伐准备情况和进兵渡河计划，乞请宋高宗回京主持北伐大计。宋高宗一再拒绝，而且越来越疑忌宗泽。

宗泽对宋王朝忠心耿耿，却得不到宋高宗的理解和支持，眼看自己殚精竭虑筹划的北伐计划变成泡影，宗泽忧愤成疾，背上长疮，病情日益加剧。

弥留之际，宗泽依然念念不忘北伐，最后连呼三声："渡河！渡河！渡河！"三朝老将怀着悲愤的心情与世长辞。

❦ 撼岳家军难于撼天地 ❦

"靖康之变"给宋人留下了难以治愈的伤痛，也成为此后南宋志士仁人奋发图强的精神动力。当年的中兴四人李纲、宗泽、岳飞和吴玠都力主北伐，从战绩和受百姓爱戴两方面看，岳飞最出色。

岳飞从二十岁起，曾先后四次从军，参与、指挥战斗数百次。

传说金兵大举入侵中原，岳飞再次投军。临行前，姚太夫人把岳飞叫到跟前，说："现在国难当头，你有什么打算？"

"到前线杀敌，尽忠报国！"

姚太夫人听了儿子的回答，十分满意，"尽忠报国"正是母亲对儿子的希望。她决定把这四个字刺在儿子的背上，让他永远铭记在心。岳飞解开上衣，露出瘦瘦的脊背，请母亲下针。

姚太夫人问："孩子，针刺是很痛的，你怕吗？"

岳飞说："母亲，小小钢针算不了什么，如果连针都怕，怎么去前线打仗！"

姚太夫人先在岳飞背上写了字，然后用绣花针刺了起来。刺完之后，岳母又涂上醋墨。从此，"尽忠报国"四个字就永不褪色地留在了岳飞的

背上。母亲的鼓舞激励着岳飞，他作战勇敢，成为著名的抗金英雄。

岳飞力主抗金，收复建康。完颜宗弼毁盟攻宋，岳飞挥师北伐，两河人民奔走相告，各地义军纷纷响应，夹击金军。岳家军先后收复郑州、洛阳等地，在郾城、颍昌大败金军，进军朱仙镇。

岳飞治军赏罚分明，纪律严整，又能体恤部属，以身作则，率领的"岳家军"号称"冻死不拆屋，饿死不掳掠"。他们平时居住在军营当中，很少外出游逛。在行军途中，则"夜宿民户外，民开门纳之，莫敢先入。晨起去，草苇无乱者"。战为民，又不扰民。

几次交锋，金军不仅拿岳飞没办法，而且每次都输得难看，金兵慨叹：撼山易，撼岳家军难。金朝一时间无可奈何，就对南宋进行诱降。

宋高宗赵构和宰相秦桧一意求和，以十二道"金字牌"催令岳飞班师。在宋金议和过程中，岳飞被秦桧、张俊等人以莫须有的罪名诬陷入狱，与长子岳云、部将张宪一同遇害。

❧ 北伐梦，何时圆 ❧

绍兴十一年（公元1141年），宋金议和，南北对峙的局面形成。

一代忠臣良将岳飞含冤而死，昭示着南宋内部投降派对主战派的"胜利"。宋高宗赵构从此只图偏安。

宋孝宗赵昚当政以后，一心想要收复失地，和金国平起平坐。他为岳飞平反，三次大规模检阅军队，积极准备抗战，以图重回中原。他改革内政，希望重振国势，宋高宗时弥漫朝野的妥协求和之风曾一度有所扭转。

即位后，宋孝宗驱逐秦桧党羽，起用一批被宋高宗贬黜的大臣，还积极联络北方抗金义军。他召主战派老将张浚入朝，共商恢复大计，并由他主持北伐。

在张浚的举荐下，一批力主抗战的人才浮出水面，如虞允文、陈俊卿、汪应辰、王十朋等，宋孝宗都予以起用。

北伐之初，南宋军队进展顺利，捷报频传。然而后来因张浚手下邵宏渊、李显忠不和，加上轻敌，致使北伐以溃败告终，而这时候北伐仅仅才进行了二十天。这是一次短命的北伐，虽然失败了，但却是南宋历史上第一次主动出击，与以前穷于应付金军的进攻截然不同。在短暂的兴奋过后，南宋又陷入了挣扎的泥潭，主和派翻身，主战派被"打入冷宫"。

北伐失败后，虞允文是宋孝宗一朝仅存的几个主张强硬抗金的人物之一。宋孝宗对他寄予厚望，两人合计：虞允文出川陕，宋孝宗进两淮，双方最后在河南会师。虞允文到四川后，在军事上采取了一系列措施：增加军队粮饷，扩充民马，允许养马的免赋税，于是军士都非常高兴，马的数量也增加了。可惜，还没来得及横戈纵马，宋孝宗就等来了虞允文的讣告，唯一的希望就此成空。

北伐失败和将星陨落，再加上太上皇宋高宗的处处牵制、主和派的极力阻挠，使宋孝宗磨尽了他的图强心志。北上中原的金戈铁马声只有在梦里聆听了。

孤儿寡母安能治国

金天兴三年（公元 1234 年），金在南宋和蒙古南北夹击下覆亡于蔡州。

此后，宋度宗在他当皇帝的第十个年头，将三个儿子留在身后，撒手去了。这三个儿子分别是杨淑妃所生的赵昰——七岁，全皇后所生的赵㬎——四岁，俞修容所生的赵昺——三岁。

当时贾似道一手遮天，赵被立为帝，是为宋恭帝。谢太皇太后垂帘听政，实权都掌握在贾似道的手中。

此时的南宋，能够上阵杀敌的武将已寥寥无几。军事要冲樊城、襄阳都已被攻破，长江上的重要防线已经开始瓦解。蒙古大将伯颜率大军进逼鄂州，一路过关斩将，在青山矶大败宋军，汉阳、鄂州相继陷落，长江防线洞开。伯颜留下部分士兵守卫鄂州，自己亲率主力军乘胜东下。宋朝将领吕文焕投降蒙古军，伯颜就以他为前部，迅速击破了长江防线，拿下了军事重镇安庆和池州，兵临建康城下。

此时，临安城内已乱作一团，朝野上下惊慌失措。贾似道装模作样地从各路军中抽调了十三万精兵，浩浩荡荡地出征了。

贾似道率兵驻扎在鲁港并布好防线，他不敢同蒙古军正面交锋，就想故技重施，同蒙古军讲和，但蒙古军的占领欲望已膨胀到了极点，自然不会同意议和。伯颜率领大军连破贾似道布下的防线，宋军死伤无数，贾似道仓皇逃到了扬州。

宋军在鲁港之役中大败，主力尽丧，士气一落千丈，无心再战。蒙古军从建康出发，分三路向临安挺进。伯颜亲自率军攻下扼守临安的门户常州，并进行了残忍的屠城。

朝野上的很多官员眼见临安城即将不保，便纷纷弃城逃跑。尽管谢太皇太后号召各路军民起兵勤王，但各地文武将官都心存观望，奉诏起兵勤王的只有文天祥、张世杰两人。

蒙古军攻破常州后，朝堂之上主和的声音淹没了主战的微弱声音。无奈之下，谢太皇太后被逼走上了议和之路：她先后派柳岳、陆秀夫等人前去蒙古军营求和，但是遭到了伯颜的断然拒绝。

至元十三年（公元 1276 年），元军大肆进驻皋亭山。大敌当前，临安城里顿时乱成了一锅粥。谢太皇太后走投无路，只能继续派人到皋亭山向伯颜请降，希望避免亡国的命运。然而，元军攻城的决心丝毫没有动摇。二月，元军进攻都城临安。谢太皇太后开城投降，登基仅两年的宋恭帝宣布退位。至此，延续了三百多年的赵宋王朝灭亡。

后来，南宋流亡小朝廷又坚持抵抗了几年，崖山之战后彻底消亡。

知识拓展

万里波涛扬自信

南宋虽然北伐无力，偏安一隅，但它是当时的世界大国，在经济等方面的成就居于领先地位，对人类文明也做出了重大贡献。

在陆路上，南宋被金国夺走中原大片领土，不断用赔款买来短暂的和平，然而在泉州这一弯海港它找回了自信。南宋时期，中国对外贸易的重心转移到了泉州，泉州港在当时世界的影响力丝毫不输给埃及的亚历山大港。

泉州位于中国东南沿海，唐五代时环城种植刺桐树，因此泉州也称刺桐城。在长达四百多千米的海岸线上，三湾十八港如众星拱月般组成了泉州港，它是宋元时期中国海外交通贸易重要港口，海上丝绸之路起点之一，东方第一大港。摩洛哥旅行家伊本·白图泰则发出了"刺桐（泉州）为世界第一大港，我看见港中大船百艘，小船无数"的赞叹。南宋从这里驶向世界，瓷器、丝绸、茶叶承载着骄傲扬帆起航，在异土他乡散发迷人的光芒，影响着那里的生活。

南宋在对外贸易上获得了可观的经济收入，国家的综合实力无论是从质量还是从数量上看，都是当时世界的第一大国。宋朝已经出现了资本主义萌芽，它强大的经济基础支撑了整个社会的运转。宋朝是中国古代封建王朝中唯一一个长期不实行抑商政策的时代。自宋朝开创以来，治坑矿、组织茶盐开发，因而有大量从土地中解放出来的农民投入商业、手工业中，民间经济受到刺激，突飞猛进，创造了空前的财富与繁荣。到了南宋，都城临安人口超过百万，而同一时期，西方最大、最繁华的城市威尼斯也不过十万人口。

临安城内外遍布专业性的集市和商行，天街两边也店铺林立，这些相当于现在专卖店的铺子生意兴隆。由于坊制、市制的破坏与夜禁的松弛，城内还出现了夜市。城北运河中，来自江、淮的河舟樯橹相接，昼夜来往不断；城南江干一带，来往于台州、温州、福州、泉州，以及远航日本、朝鲜和南洋各国的商船云集，桅樯林立，临安已发展成为全国最大的商业都市。

在当时的临安大街——这个集购物、娱乐、休闲于一体的十三世纪经济文化中心里，人们的生活就像当时的瓷器一样充满优雅的视觉感。

元朝卷

大一统王朝的建立

一代天骄开创雄图伟业

十三世纪初，蒙古崛起。

铁木真是蒙古族乞颜部人，早年丧父，投奔克烈部首领脱里，积蓄实力，被推举为蒙古乞颜部可汗。后来，铁木真征服了克烈人后，他的目光投向了远方，出兵讨平各部落，战胜了群雄，一统草原。

铁木真聚集各部落首领在斡难河源头召开忽里台大会。会上，众人一致推举他为全蒙古的大汗，并且尊他为成吉思汗，蒙古帝国从此开始了辉煌的历程。

在此前后，成吉思汗逐渐建立起一系列政治制度。制度中，最高权力集中于汗，全蒙古只能有一个在位的汗，若汗死，只能由成吉思汗的后裔继位，但必须经贵族议会的推举。

军事上，编制了军政同一的千户军，代替了原来的氏族、部落的名号。开国有功者为千户，分封所得的牧地范围，世袭管理。人们只能留在指定的百户、千户或十户内，不得转移到另一单位去，也不准到别的地方寻求庇护。

成吉思汗还创制蒙古文字、建立护卫军、颁布法律、设置司法长官，这些都对蒙古的强盛发挥了重要作用。

蒙古很快开始了对外扩张。成吉思汗非常有军事智慧，善于运用大迂回战略，也是政治及管理天才。他率领蒙古军队占领金朝的大片领土，灭了西夏、西辽及中亚的花剌子模，其征服足迹远抵东欧的黑海海滨。

二十五年间，成吉思汗和他的子孙们将当时人口最稠密的诸文明国度悉数纳入蒙古帝国的版图。三千多万平方千米的土地，版图的规模和范围挑战了人们想象的极限。成吉思汗的征战使欧亚大陆间相互沟通，对世界历史的进程产生了重要影响。

❧ 联宋灭金 ❧

在兴兵途中，成吉思汗染病逝世，临终前定下"联宋灭金"的战略。成吉思汗去世后，窝阔台在耶律楚材的支持下，成为蒙古帝国的第二位大汗，他忠实地执行了这一策略，灭掉了金朝。

当时，窝阔台与拖雷率军攻金。金朝急忙调整部署，增强防御及京畿外围突击力量。蒙古军攻克金兵军事要地凤翔，窝阔台召集诸王将领商议灭金战略，他采纳拖雷的计策，决定分三路进攻。

窝阔台统中路军，由碗子城南下渡河；斡惕赤斤那颜统左路军，进军济南；拖雷统右路军率三万骑兵穿过西南方，借道宋朝境内，对金形成大包抄之势。

同时，窝阔台任命战略家速不台去围攻南京（今开封）。南京军民奋力抗战，金哀宗却遣使议和，南京城内一片混乱。最后，金西面元帅崔立杀死留守的皇族，献城投降，并将两位王后、两位宗王及五百名宗室贵族带至蒙古军营。蒙古军入据南京。金哀宗已逃出城，在开封城外的其他地区组织抵抗。最初，他逃至归德避难，后又逃到小城蔡州。

宋朝内部就对外政策产生争议。一些人出于仇视金朝的情绪，主张

联蒙灭金，恢复中原；另一部分人则相对理性，援引当年联金灭辽的教训，强调唇亡齿寒的道理，希望以金为藩屏，不重蹈覆辙。无休止的争论使宋朝廷在这两种意见之间摇摆不定，既未联金抗蒙，也未联蒙灭金。

随着蒙古与金之间战事的推进，在金朝败局已定的情况下，宋理宗赵昀最终做出了决策。

蒙古遣王檝来到京湖，商议蒙宋合作，夹击金朝。一直胸怀中兴大志的理宗把这看作是天赐良机，他遣使答应了蒙古的要求。蒙古则答应灭金以后，将河南归还给宋朝，但双方并没有就河南的归属达成书面协议，只是口头约定，这留下了巨大的后患。

金哀宗见宋助蒙攻金，便派皇族完颜阿虎去宋朝和谈，说："蒙古灭国四十，以及西夏，夏亡及于我，我亡必及于宋。唇亡齿寒，自然之理。若与我联合，所以为我也是为宋也。"但是，宋朝拒绝了金国的提议。

金天兴三年（公元1234年），当蒙古人发动最后的攻击时，金哀宗见蔡州无法守住，便说："我为金紫十年，太子十年，入主十年，自知无大过恶，死而无恨，只恨祖宗传国百年，至我而绝。"随后便在幽兰轩自缢而死。

这次战争从表面上看，宋朝也取得了胜利，但实际上，宋朝的位置更加孤立，它直接与强大的蒙古帝国接壤，加速了灭亡的步伐。

↶ 历史的抉择成就了忽必烈 ↷

随着蒙哥继位成为大汗，他的弟弟忽必烈一夜之间名满草原。

忽必烈是成吉思汗之子拖雷的第四个儿子，蒙古第五任可汗，同时也是元朝的开国皇帝。

忽必烈的童年时代，正是蒙古铁骑四处征伐、影响极盛的时期。他仁厚英武、度量宽宏、志于伟业，从小就很有抱负。在祖父和父母的影响下，青年时期的忽必烈聪明睿智、热心于学习汉文化，重视中原文士，就连他的祖父成吉思汗也曾在众臣面前夸奖他。

蒙哥登基成为蒙古帝国大汗，因为忽必烈在蒙哥的同母弟中"最长且贤"，蒙哥即位后不久即任命忽必烈负责总领漠南汉地事务。

忽必烈上任后，充分运用多年来广学博采的治理之道，知人善用，奖罚分明，积极整顿吏治，恢复农业，成功地迈出了开创伟业的第一步。

后来，忽必烈奉命率领蒙古大军围攻大理城，他出奇制胜，很快控制了大理全境。攻占大理的胜利，进一步提高了忽必烈在蒙古的地位，也为他日后统军南下灭宋做了准备。

忽必烈在中原威望日增，这使得蒙哥感到自己的汗位受到了威胁，他找借口解除了忽必烈的兵权。忽必烈当时的情况岌岌可危，调动兵马及粮饷的权力都在大汗手中，因而难以与蒙哥抗衡。无奈之下，忽必烈听从姚枢的建议，把妻子、儿女送到汗廷做人质，表示自己并无异志，又亲自谒见蒙哥。蒙哥终于消除了疑虑。忽必烈也撤销了设在邢州、陕西、河南的机构，调回了自己派出的官员。就这样，忽必烈以谦恭忍让保全了实力，避免了一场不测之祸。

忽必烈采取此策略并不代表

他放弃了控制中原的雄心。后来，蒙哥因塔察儿军事失利，又命忽必烈重率左路军征宋。在征宋过程中，忽必烈重新把左路军的大权控制在自己的手中。

蒙哥在攻宋战争中身负重伤，死于合州钓鱼山下。忙于南征的忽必烈为争夺王位，决定返回漠北，碰巧南宋贾似道派使讲和，忽必烈当即同意，断然把大军留在江北，自己率一支亲军先行回漠北。忽必烈到达开平，召集忽里勒台，在诸王及大臣的劝进下，忽必烈自称奉遗诏继承汗位。而同时，蒙哥的另一个弟弟阿里不哥在和林举行大会宣布继承汗位。经过四年大战，阿里不哥战败，归降忽必烈。至此，这场汗位争夺战，以忽必烈的胜利告终。

至元八年（公元1271年），忽必烈完成了对中国的统一，改国号为元，取《易经》中"大哉，乾元"之意。

忽必烈继位后，元朝达到了全盛，那个时候四大汗国都是元朝的附属国，元朝的疆土范围超过了汉唐盛世，对历史发展影响深远。

∽ 元世祖改制 ∾

忽必烈虽然实现了大一统，然而，元朝空有辽阔的疆域，放眼望去却是满目疮痍。忽必烈决心学习中原地区的先进社会制度和生产方式，于是在政治、经济等方面实行了大刀阔斧的改革。

在政治方面，他在中央设置中书省、枢密院、御史台三大系统，又设置了宣政院。其中，中书省行使宰相职权，下设吏、户、礼、兵、刑、工六部，是最高的行政机关；枢密院则总领全国军事；御史台负责纠察百官；宣政院管理全国宗教事务和西藏地区。在地方，设行中书省，隶属中书省，加强对地方的统辖。在澎湖设巡检司，管辖澎湖、琉球地区。

设通政院，主管驿站事务；建立驿站制度，负责传递公文和管理交通。在各地实行"兵农分治"的制度，避免地方长官集军、民之权于一身；废除军阀兵权的世袭制。

在经济方面，他一改蒙古原有的游牧方式，制定"农桑立国"的国策方针。忽必烈制定一系列政策，促进土地的恢复。他严禁蒙古贵族强占民田或是废耕田为牧场；把黄河南北的荒田分给蒙古军耕种，组织军民在边疆屯田。这一政策极大地保护了中原农耕经济。接着，他又建立了指导农业生产的行政机构司农司等，专管全国农桑水利。他任命劝农使到各地开展支持农业经济的计划。劝农司的官员挑选了一批精通农业的人员帮助农民耕作土地，极大地促进了农业生产并使土地得到了有效利用。

忽必烈还完善农业法规，命人编成《农桑辑要》，推广先进的农耕技术。

忽必烈对商人、商业行为不存在偏见，在他执政期间，商业活动非常繁荣，对外贸易也很兴旺发达，极大地促进了国内经济的发展，积累了货币，也大大促进了对外交流。

忽必烈的经济措施在改革初期使得北方经济全面恢复，原本落后的生产力得到了较大的提高。

忽必烈深知交通的重要性。他命人修复帝国道路，每隔一定的距离建立驿站。二十多万匹马分发给各驿站，用于帝国邮政。为保证大都的粮食供应，他修复和开通了大运河。

通过忽必烈的努力，元朝成了一个不仅疆域辽阔，而且能够兼容各种民族力量，经济文化都得到较大发展的大国。

知识拓展

蒙古骑兵为何能横行欧亚

历史上，蒙古骑兵所向披靡，百战百胜，攻城略地，少有败绩。那么，他们为何能征善战呢？

蒙古骑兵的服从、骁勇和顽强的精神是他们取得胜利的最重要因素。蒙古骑兵纪律严明，即使因小事违反军纪，也动辄受笞刑或死刑。所以，蒙古骑兵打起仗来非常勇猛，快速灵活，又善用策略，当然所向披靡，无可匹敌。

骑兵的勇敢是从小训练出来的，他们从三岁起就被绑在马背上，此后一生几乎都在马背上度过。蒙古马气力、耐力非常惊人，它驮着骑手能日行一百二十千米，而且途中只需要休息一次，喝水进食。这就使得蒙古军队能迅速集中兵力，占尽优势。

蒙古军队的组织异常严密，而且调动起来灵活迅速。一万名战士分成十个千人队，由大汗的亲信指挥。另外，大汗亲选一万名"体格矫健、技能好"的人，组成精锐的"护卫军"，在平时分为四班守卫，战时随大汗出征。

虽然全军的统一命令是由快马下达，但个别将领在作战时享有极大的自主权。军队消息传递迅速、及时，在大军前面有斥候部队，随时将敌情送回军队总部。而且在斥候部队前面还有大量敌后探子，他们会潜入敌城打探情报，扰乱人心。

此外，蒙古大军还有一种最有力的武器，就是时时刻刻对敌人实行心理压迫。如果想攻取的城市不愿意投降，那么，一定逃不掉被屠城的下场。当时最大最兴盛的撒马尔罕和内沙布尔两城，就是由于不愿投降在被攻克后遭到屠城，居民无一幸免。这个消息传开后，其他城市都不敢抵抗。

蒙古大军虽然凶残，却并不轻视他们征服的民族，反而热衷于学习。但是随着元朝在中原统治的延续，他们也逐渐沉溺于养尊处优的生活中，失去了游牧民族的特性。

海上丝绸之路

蒙古的征战像一个巨大粗暴的铧犁，不仅翻动了世界，也沟通了中西。随着元朝疆域的不断扩大，沟通的地域也越来越广，元朝这个庞大的帝国所实行的一系列政策，具备了全球化的雏形。元朝以其富庶和实行的信仰自由政策，成为世界各国人民心目中向往的目标。一批批外国人走进来，一批批中国人走出去，元朝成了亚、欧、非三洲的中心，在东西方交流史上留下浓重的一笔。其中，"海上丝绸之路"就是一个典型的例子。

元朝承接了宋的对外贸易，赋税也轻，元世祖重建泉州市舶司，因此大大促进了贸易的发展。

元代的疆域"北逾阴山，西极流沙，东尽辽左，南越海表"，同欧洲、中亚、东南亚的交通极其便利，对外交往非常活跃。

元朝通过海陆交通与亚、非、欧洲的许多国家和地区进行国际贸易往来。当时元朝的货币还流通到中非和中欧的一些国家。

海上贸易的发展，使中国沿海的码头迅速发展起来，昆山的刘家港甚至有"万国码头"之称。东南沿海的上海、澉浦、庆元、温州、福州、泉州、广州等都是对外贸易的通商口岸。

为了管理繁荣的国内商业和开展与海外各国的贸易，在中国中部港口形成了强大的商会。杭州或泉州的商店内，贵重货物琳琅满目。中国的商船船队载着大捆的生丝、彩色丝织品、缎子、薄绢和金丝锦缎定期在加韦里伯德讷姆、卡亚尔、奎隆和锡兰停泊。返回中国时，运载着胡椒、生姜、肉桂、豆蔻、平纹细布和棉布以及印度洋的珍珠和德干高原的钻石。

杭州城内住着大批阿拉伯移民以及波斯商人。泉州自唐代开埠，即为中国南方四大对外通商口岸之一。元朝时期，泉州港跃居四大港之首，以"刺桐港"之名驰誉世界，成为与埃及亚历山大港相媲美的"东方第一大港"，呈现"市井十洲人""涨海声中万国商"的繁荣景象。马可·波罗称之为"世界最大港口之一"。现代人称誉泉州为中世纪"海上丝绸之路"的起点。

繁荣的对外贸易，使元朝成为西方人梦寐以求的黄金之国。虽然仅仅经历了百年的辉煌，但它用贸易沟通了中西。

⚓ 从《马可·波罗游记》说起 ⚓

"在遥远又遥远的东方，有一个富庶的黄金国。"这是马可·波罗告诉欧洲人的一条信息。此后欧洲就开始了寻找黄金国的努力。在西方人眼里，元朝有着比黄金还夺目的繁华，这可以从马可·波罗的游记中窥见一二。

"杭州的街道和运河都相当广阔，船舶和马车载着生活日用品，不停地来往于街道上和运河上。估计杭州所有的桥，有一万两千座之多……杭州城内有十个巨大的广场和市场，街道两旁的商店不计其数。每一个广场的长度都在一千米左右，广场对面则是主要街道，宽四十步，从城的这一端直通到城的那一端。运河跟一条主要街道平行，河岸上有庞大的用巨石建筑的货栈，存放着从印度或其他地方来的商人们所带的货物。这些外国商人，可以很方便地到就近的市场上交易。一星期中有三天是交易日子，每个市场在这三天交易的日子里，总有四万人到五万人参加。"马可·波罗对中国的描写，超乎了当时欧洲人的想象。杭州那种超乎想象的繁华，让马可·波罗兴奋到窒息。

《马可·波罗游记》是欧洲人撰写的第一部详尽描绘中国历史、文化和艺术的游记。在 1324 年马可·波罗逝世前，《马可·波罗游记》已被翻译成欧洲多国文字，广为流传。西方学者认为马可·波罗的游记"不是一部单纯的游记，而是启蒙式作品，对于闭塞的欧洲人来说，无疑是振聋发聩的，为欧洲人展示了全新的知识领域和视野，这本书的意义在于它引发了欧洲人文科学的广泛复兴"。

马可·波罗的父亲和叔叔曾经到东方经商，朝见过忽必烈，还带回了忽必烈给罗马教皇的信。1271 年，马可·波罗十七岁时，他父亲和叔叔拿着教皇的回信和礼品，带领马可·波罗与十几位旅伴一起向东方进发了。经过千辛万苦，他们来到大都见到忽必烈并呈上了教皇的信件和礼物。忽必烈非常赏识年轻聪明的马可·波罗，特意请他们进宫讲述沿途的见闻，后来还留他们在元朝当官任职。1295 年，他们三人回到了阔别二十四载的亲人身边。几年后，马可·波罗在战争中被俘。在狱中，他遇到了作家鲁思梯谦，于是便有了马可·波罗口述、鲁思梯谦记录的《马可·波罗游记》。

马可·波罗的游记，在中世纪时期的欧洲被认为是神话。但对十五世纪欧洲的航海事业起到了巨大的推动作用。哥伦布、达·伽马、马丁·罗比歇等众多的航海家、旅行家、探险家读了《马可·波罗游记》以后，纷纷率领船队出海远航，大大促进了全球文化交流。

这本游记已经完全超出了一本书的价值。

⮥ 社会民生的舞台演绎——元杂剧 ⮥

元朝对世界的征服使不同文化已经不再像原先那样相互隔离，各种文化走到一起，相互交流和融合，于是元朝为世界奉献了一场文化盛宴。

中国的戏曲在经历了漫长的发展过程之后，到元代形成了元杂剧。元杂剧把音乐、歌舞、表演、念白融为一体，是比较成熟的戏剧形式。

元杂剧的直接源头主要是两个：一是从宋到金的说唱艺术——诸宫调，二是从宋到金的以调笑为主的短剧——宋杂剧、金院本。

城市经济的繁荣和艺术表演的社会化、商业化，是促使戏剧成熟与兴盛的必要基础。蒙古攻占北方以后，在许多地方造成破坏，但若干中心城市反而人口激增，财富更为集中，出现畸形繁荣，这是元杂剧发展繁荣的最深层次原因。

元杂剧的兴盛，使元代成为中国戏曲史上的黄金时代。当时涌现了一大批著名的杂剧作家，有姓名记载的就有两百多名，有记载可查的杂剧剧本有七百多部。

熟悉西方文学的人都知道莎士比亚，而在莎士比亚把《哈姆雷特》搬上舞台的三百多年前，中国的戏剧舞台上已经开始上演《窦娥冤》；当

莎士比亚的《罗密欧与朱丽叶》还在构思当中时，中国的《西厢记》早已经红火了三个世纪。

关汉卿是元代成就最高、影响最大的剧作家，他一生写了六十多部杂剧，大多表现了下层妇女的苦难和斗争。他的代表作《窦娥冤》深刻地表现了对社会的不满，对弱者的同情。关汉卿的创作对后世戏剧的发展产生了巨大的影响，他不仅是中国伟大的剧作家，也是世界文化名人。

除了关汉卿，元代著名的杂剧作家还有王实甫、马致远、白朴、郑光祖、纪君祥等。

元杂剧在题材上有了重要的突破，它把文学创作的题材深入社会现实，站在普通民众的立场上，提出了社会正义这一人类生活中的严峻问题。而这一类题材通过戏剧这一最具煽动性的文艺形式来表现，其效果也格外强烈。

元杂剧不仅对中国文化产生了巨大影响，在世界上也备受关注。纪君祥的杂剧作品《赵氏孤儿》很早就传入欧洲，法国启蒙思想家伏尔泰把它改编为歌剧《中国孤儿》。

元杂剧中的许多剧目直到今天仍在戏剧舞台上演出，有的还被拍成了电影和电视剧。

也曾辛苦起五更

元朝也曾有统治者悉心研究如何管理这个多民族、大疆域的帝国，比如皇帝忽必烈，比如权臣脱脱。然而，思想的限制和社会矛盾的冲突，使得元朝当政者无法将各朝遗留的执政碎片拼合成一个有效的国家机器。

元朝一百多年的历史中共有十一个皇帝，第一个皇帝元世祖忽必烈从称帝之日算起，在位三十四年，此后的九个皇帝一共只经历了三十八年，而最后一个皇帝孛儿只斤·妥懽帖睦尔却在位三十五年之久。

忽必烈之前，蒙古的汗位由几大部落推选，忽必烈以武力称帝后，规定以后皇位的继承可以父死子继，也可以兄终弟继，下任皇帝由现任皇帝指定。因此，元顺帝的父亲元明宗与弟弟元文宗便颇经历了一番或真情、或假意的推让。最后的结局是，元明宗在去往大都即位皇帝的路上猝死，真相扑朔迷离，莫衷一是。妥懽帖睦尔作为元明宗的长子，在父亲死后，一度被放逐到高丽大青岛和广西静江。

元文宗死后，皇帝之位空悬，由于先前太子阿剌忒纳答剌的身亡，元文宗的皇后执意遵照先帝遗嘱让元明宗的儿子继承皇位，不料即位的元明宗嫡子没过多久也病故了。在元文宗皇后的心中，这个皇位多少有些不吉祥，或许

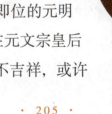

也是有着大权旁落的疑虑，她坚决反对立元文宗的小儿子燕帖古思为帝，因为燕帖古思不是她的亲生儿子，又是权臣燕铁木儿的义子。

在元文宗皇后的固执坚持下，燕铁木儿也没了脾气，妥懽帖睦尔便登上了皇帝之位，就是元顺帝。

元顺帝在位期间，曾经利用伯颜的侄子脱脱扳倒了把持大权的重臣伯颜。脱脱对汉族文化颇为看重，元顺帝任用他进行了一番改革。然而，元顺帝与脱脱在才能与气魄上都有些不足之处。脱脱在治国方面有些心有余而力不足，虽然上台之初他在一定程度上改变了伯颜的排汉政策，恢复了科举取士，重开经筵，又修《宋史》，提倡文治和经史，但在国家的大政方针上他并没有多少建树，改革措施流于表面，结果自然以失败告终。

元顺帝后期逐渐怠政，沉湎享乐，朝廷内斗不断，外部民变迭起，他已无法有效地控制政局。

❧ 元朝灭亡 ❧

脱脱的改革虽然给大元带来一丝"中兴"的希望，但他才能有限，元朝的政治仍在日益腐化，问题丛生。

当时，大雨致使黄河泛滥，受灾地区十分广阔。由于当政者没有采取果断的治水措施，水患使得社会矛盾尖锐，处于水深火热中的农民纷纷揭竿而起。

后来，元顺帝正式批准治水，下诏中外，命贾鲁为工部尚书兼总治河防使，发汴梁、大名十三路民众十五万人，庐州等地戍军十八翼二万人供役。北方白莲教首领韩山童及其教友刘福通等决定抓住这一时机，一面加紧宣传"弥勒下生""明王出世"，一面又散布民谣"石人一只眼，挑动黄河天下反"，并暗地里凿了一个独眼石人，埋在即将被挖掘的黄陵岗附近河道里。独眼石人被挖出后，河工们惊诧不已，消息传出，大河南北，反抗的烈火顿时燃起。

红巾军起义如火如荼地引燃了大片国土，这使元顺帝不得不向镇守北方的诸位蒙古宗王下诏，让他们起兵南来帮助朝廷灭寇。没想到镇守北藩的蒙古宗王阳翟王阿鲁辉帖木儿却趁火打劫，拥众数万，裹挟当地几个宗王一起造反。

元顺帝处理了内乱，阿鲁辉帖木儿被五花大绑押送大都。但在最后关头，元顺帝却添了个败笔。

依据旧制，宗王谋叛，一般是裹在毛毡中摇死、用马踩死或者用大弓弦绞死，名曰"赐死"，不使黄金家族的"神圣"血液被泥土玷污。元顺帝却被仇恨蒙了心，一纸诏书将阳翟王押至闹市砍头。黄金家族的北边诸王知道后心生隔阂，日后都对大都这边元朝廷的存亡睁一只眼、闭一只眼。

此后多年，元朝的正规军与藩镇军一直在北方相互绞缠，杀得你死我活。这为江南的朱元璋赢得了时间，他从容不迫，步步为营，先后消灭陈友谅、张士诚、方国珍、陈友定等人，势力范围越来越大。

就在北方元军各部还在自相残杀之时，朱元璋正式开始了北伐。明军势如破竹，逼向大都。

元朝廷危在旦夕，诸部将领却纷纷作壁上观，结果可想而知。大都即将被攻克前，元顺帝在清宁殿召集三宫后妃、皇太子等人，商议出京北逃。左丞相失烈门等人谏劝，一名老太监更是叩头哀号："天下者，世祖之天下，陛下当在死守，奈何弃之！臣等愿率军民及诸卫士出城拒战，愿陛下固守京城！"无奈元顺帝一心逃命，根本不予理会。

洪武元年（公元 1368 年），元顺帝率皇后、皇太子等人出居庸关，逃往上都方向。此后，虽然在一段时间里还存在北元政权，但作为中国统一王朝的元朝，事实上已经灭亡。

从何处来，回何处去

元朝被朱元璋推翻后，末代皇帝元顺帝妥懽帖睦尔率领着王族和残军撤到祖先兴兵之地——蒙古高原。正是：从何处来，回何处去。

当初，成吉思汗近乎疯狂的扩张使得蒙古帝国幅员辽阔，汗国、部落林立，元朝版图仅为蒙古帝国的一部分。元朝的皇帝同时也是蒙古帝国的大汗，对于蒙古各大汗国和部落享有宗主权。

元朝覆灭，蒙古帝国也失去了中原的大好河山，但帝国仍在。元顺帝退至上都后所保有的政权史称北元。

此时的北元，已不复当年辉煌，沦为流亡政权。此时的上都宫阙府衙先前曾遭红巾军一部劫掠焚烧，到处是残垣断壁，四处是瓦砾。

仓皇北归的打击，让这位对汉文化有所涉猎的皇帝有了"国破山河在"的愁绪。汉人的治国之术他只学了个皮毛，"去国怀乡"的哀怨倒学到了精髓，不久，仓皇加郁闷的元顺帝就在沙拉木伦河畔的应昌去世。

元顺帝的儿子爱猷识里达腊获悉父亲去世的消息后，便在哈拉和林继位，史称北元昭宗。作为北元的第二位皇帝，他将北元政权又维持了八年，并厉兵秣马盼望着有朝一日重夺中原。然而，这一切随着深入蒙古地区的明朝军队的攻击而逐步成为可望而不可即的海市蜃楼。

明朝大将徐达率军攻向黄金家族的大本营——哈拉和林，对于这个象征着权力和荣耀的地方，北元誓死护卫。然而，被誉为"万里长城"的徐达所向披靡，爱猷识里达腊绝望了。

明朝大军因战线过长，后援不继，于土拉河畔止步。

六年后，爱猷识里达腊怀着满腔遗憾去世，其子脱古思帖木儿继位。这位北元皇帝所能控制的领土已经缩小到蒙古帝国最初兴起时的规模，很是令人感叹。想当年，金戈铁马，气吞万里如虎；到如今，苟延残喘，低头俯居人下。

明洪武二十一年（公元 1388 年），一支十万人的明朝军队在大将蓝玉的率领下于合勒河和怯绿连河之间、贝加尔湖南岸大败脱古思帖木儿的军队，北元诸王、平章以下官员三千多人及军士七万余人被俘，脱古思帖木儿逃走后被其部将缢杀，黄金家族辉煌不再。

百年前，蒙古军队铁马长弓，凭着一腔原始的豪情，以极少的人数，完成了人类历史上史无前例的征服。百年后，蒙古铁军被明朝军队逐步击溃，如同摧枯拉朽，退回了当初的草原，真是此一时，彼一时。

知识拓展

元代皇帝如何防止陵墓被盗

皇帝死后，总是要风光大葬，这样才不会有失皇家的体面，每个封建王朝都是如此，唯独元朝皇帝没有留下一座陵墓。

据明朝叶子奇的《草木子》中记载：元朝皇帝死后，随从会挖掘一道深沟，将他的遗体放在一个大树掏空后做成的棺材里。然后将棺材放入深沟中，用土填平，让马踩平，还要用帐篷将这周围地区全部围起来。待到墓葬地面上的青草长出，看起来和周围的草地一样后，才会将帐篷撤走，这样墓葬的地点就不会泄露了。

当年成吉思汗去世，就是采用了类似方式下葬。所以，至今无法

确定成吉思汗的墓葬所在。

　　元朝建立以前，蒙古丧葬习俗的主要特点就是薄葬简丧。忽必烈建立元朝之后，逐渐接受了汉文化，开始用棺木葬人，但比起汉人帝王来说，元朝的帝王墓葬要简单得多。元朝的皇帝死后首先要有一个下葬的仪式，随葬品也要多一些，但不能有汉族官员参加，只有蒙古人能参加。

　　他们不修建大型的陵墓，也不在史书上留下相关的记载，为的就是不留下可以让盗墓贼发现陵墓位置的线索和痕迹。此外，他们还有别的不被盗墓者发现陵墓的方法，如忽必烈在位期间，就为自己和后代子孙找到了陵墓不被盗掘的方法。

　　方法就是，选择一个人烟稀少的风水宝地作为葬地，然后将当地的人进行迁移，让这个地方变成无人的空白地带。当皇帝下葬后，还要对外宣布，皇帝遗体将运回漠北进行安葬，各种仪式上要做到以假乱真的地步。这样，真真假假，虚虚实实，后人也就找不到元朝皇帝的陵墓所在了。

明朝卷

又一个黄金时代

❧ 少年时光 ❧

元朝末年，官吏贪污，民不聊生，这是一个黑暗的年代。朱元璋就出生在元朝末年安徽濠州（今凤阳县）的一个赤贫农家。由于营养不良，幼年的朱元璋体弱多病。朱元璋的父母认为观音菩萨能救他的命，便把他送到离家不远的皇觉寺，拜寺里的老和尚为师。由于朱元璋在家族兄弟中排行第八，所以他原名"朱重八"，而他每天就是给人家放牛。

有一天，朱元璋和小伙伴们肚子饿得难受，就把地主刘德家的小牛宰了分吃。为了不让刘德发现，朱元璋把小牛的皮骨埋了，又把小牛尾巴插进石缝里，骗刘德说小牛自己钻进山石里了。然而，刘德一眼就识破了他的谎言，把朱元璋吊起来打了一顿，然后又把他关进柴房，不给他饭吃。朱元璋在柴房的老鼠洞里发现了一些谷米，以此充饥勉强活了下来。

也是在这个时期，朱元璋结识了徐达、汤和、周德兴等人。这帮穷小子日后随朱元璋东征西讨、南征北战，打下了大明江山。

❧ 皇觉寺 ❧

元惠宗至正四年（公元 1344 年）春，天灾人祸接踵而至，不到半个月时间里，朱元璋的父母和哥哥先后染病死了。家里只剩下朱元璋和他的二哥，二人抱头痛哭。

为了安葬父母和哥哥，朱元璋四处求助。无奈之下，他去哀求地主刘德，刘德不但没有半点儿同情心，还百般嘲讽朱元璋。邻居刘继祖出手相助，让朱元璋把亲人的尸骨埋在他家地里。于是，朱元璋兄弟找来几件破衣裳，将父母和哥哥草草下葬了。朱元璋没有忘记刘继祖的恩情，他当上皇帝后，追封刘继祖为义惠侯、其妻娄氏为义惠侯夫人，还对刘氏后人关怀备至。

元惠宗至正四年（公元 1344 年）秋，朱元璋到凤阳城西门外的皇觉寺做清扫烛台之类的杂活。对于无家可归的朱元璋来说，这地方能遮风避雨、填饱肚子，已经算是很不错了。

但是，皇觉寺的僧众们平日靠收田租过活，正逢大灾之年，佃户交不出粮食，僧多饭少，僧人们只能外出求食了。于是，在寺里待了才两个月的朱元璋，没念几句经，就开始到四方云游了。

❧ 濠州参军 ❧

元惠宗至正十二年（公元 1352 年）闰三月初的大清早，朱元璋跨出皇觉寺的大门，踏上了去往濠州城的路。他反复思量，决定去濠州参军。

朱元璋来到濠州城下，守城兵士误以为他是奸细，就把他捉了。朱元璋被带进城，却因祸得福，见到了他一生中的贵人——郭子兴。就这样，二十五岁的朱元璋如愿地加入了红巾起义军。

不久，朱元璋被编入郭子兴的亲兵队伍，开始在军营中崭露头角。由于朱元璋思路清晰，说话做事稳重干练，打仗十分勇敢，所以才过了两个多月，朱元璋就被提拔为九夫长，开始率领九个人的队伍。

在战场上，朱元璋身先士卒，获得了战利品就分给大家，所以士兵们都乐意听他指挥。郭子兴有意将朱元璋培养成自己的心腹，还把义女"马秀英"嫁给了朱元璋。不久之后，朱元璋就升任为总兵官。

为了树立自己的威信，朱元璋放下身段，以退为进。那时候人们有"以右为尊"的习惯，有一次开会，朱元璋故意迟到，将领们纷纷占据了右边的座位，朱元璋就顺势坐在了左边座位上。

会议讨论的是军事问题，从右边第一个人开始发言，众人都说完了，才轮到朱元璋发言。他侃侃而谈，分析得很有道理，大家都心悦诚服，他的意见也被采纳。几次会议过后，众人便自觉地把右首座位让给了朱元璋。

◈ 激战鄱阳 ◈

元惠宗至正十三年（公元 1353 年）春，朱元璋离开郭子兴的队伍，自立门户。白手起家的朱元璋开始招兵买马，没过多久就拥有了四千人的队伍。

朱元璋的军队训练有素，上下一心，战斗力极强，很快就让定远横涧山的劲敌缪大亨投降了。朱元璋还意外地得到了缪大亨手下的两万军队。在这里，朱元璋完成了他称雄天下的第一步。

元惠宗至正二十三年（公元 1363 年）七月，鄱阳湖之战打响了。朱元璋的军队位于长江下游，而敌人陈友谅的军队在长江上游。

将军徐达找到了克敌良方，他命令所有船只全速前进，又将全部兵力分为十一支小分队，排好火器和弓弩，靠近敌船时，先发火枪，再射弩箭，最后攀上敌船短兵相接。

徐达身先士卒，将士们的斗志都被激发出来了。陈友谅想要合围徐达的船队，徐达马上回撤，陈友谅紧追不舍。大将俞通海立刻命人集中火力，进行猛烈攻击，陈友谅部队损失惨重，二十余艘战船化为灰烬。陈友谅利用船只高大的优势，居高临下发射弩箭。徐达边扑火边指挥战斗，一直坚持到朱元璋派兵来援助，才逼退了敌军。

第二天，陈友谅把所有战船连在一起，朱元璋则命令死士们驾着装满火药和稻草的船只，乘东北风向敌军奔去。死士们将燃烧的火把、火药投向敌船，敌人的船队刹那间化作一片火海。陈友谅冒死突围，一支箭射穿了他的头颅，一代枭雄，就此陨灭。

❧ 朱元璋灭北元 ❧

元至正二十八年（公元 1368 年）正月初四，朱元璋称帝，定应天为国都，年号洪武，国号大明。然而，朱元璋在即位之初，并没有急着享受帝王的生活。他让百官不要叨扰百姓，给百姓休养生息的时间。朱元璋深知，经历了连年战火的百姓们，最需要平静的生活。

朱元璋以李善长、徐达为左、右丞相，诸功臣按功授爵。在立朱标为太子之后，朱元璋给很多近臣加封了东宫官爵，期待日后他们能像辅佐自己一样，辅佐自己的儿子。

朱元璋想给一些外戚封官，却被马皇后婉拒。开国后的朱元璋，一面无为而治，一面广招贤能，制定律法，创办学校，忙得不亦乐乎！

朱元璋的勤奋在中国历代皇帝当中实属少见，无论大小事务，他必定亲自过问，每天审阅奏折不计其数，睡眠少得可怜。虽然大明政权已建立，但曾经的元政权还没有完全消散，朱元璋明白，自己还有很长的路要走。

朱元璋将元大都定为下一个目标。他命手下诸将从各战区撤回，集

中兵力攻打元大都。临行前，朱元璋对将士们说："元朝无视黎民疾苦，倒行逆施，咱们入城以后，不得侵扰百姓，如有违者，定罚不赦。"朱元璋知道，真正的胜利是赢得民心。

　　一路上明军所到之处，守将不是弃城而逃，就是率军来降。当明军到达通州的时候，天降大雾，将军郭英趁机派人埋伏在道旁，自己率领三千精锐直抵城下。守将奋力抵抗，郭英佯装败走，引敌人进入伏击圈，大败元军。

　　元惠宗匆忙带领文武百官向北逃亡，建立了北元政权。明太祖洪武十四年（公元1381年），明朝军队攻占云南，元梁王自尽。明太祖洪武二十一年（公元1388年），朱元璋向辽东发兵，还派蓝玉西征，直逼北元大营，脱古思帖木儿的主力被消灭，北元政权基本瓦解。

知识拓展

朱元璋治贪官

　　朱元璋最恨贪官污吏，他在位期间，因贪污受贿被处死的官员高达几万人。据说，官员们每次上朝之前，都要和妻儿诀别，因为不知道下朝的时候，还能不能回家相见。

　　朱元璋发放给正一品官的月俸米只有八十七石，正四品二十四石，正七品七石五斗，一个县令的工资合成银子不过五两。这点儿钱既要负担县令一家人的生活费，还要支付手下人的工资，实在是不够用。

　　虽然朱元璋对贪官严惩不贷，但官员们捞钱的手段还是花样百出，主要有"折色火耗"和"淋尖踢斛"两种。

"折色火耗"是官员们借口征集的税款银两有损耗，而将多余的钱留到自己口袋里的一种做法。

"淋尖踢斛"就是在老百姓交纳粮食的时候，官吏用斛来装，当粮食堆满的时候，官吏就猛踹一脚斛，让一些粮食流到斛外面，这样流出来的粮食就归官吏所有了。

朱元璋为了阻止这样的事情发生，定了一个新规，只要有人检举官员贪污，一经查实，就要送到有关部门法办，普通百姓也有检举贪官的权力，如果有人胆敢阻拦，会被株连九族。朱元璋绞尽脑汁，就是想肃清贪污腐败，还大明朝一个清清白白的天下。

❧ 永乐帝迁都北京 ❧

明太祖洪武二十五年（公元1392年），太子朱标病逝，从小就受大儒和高僧教育的燕王朱棣在皇子中极为出色，有了竞争皇位的资格。然而，出乎意料的是，朱元璋立了皇长孙朱允炆为太孙。

朱允炆登基后，马不停蹄地开始了削藩行动。他雷厉风行地削去了所有叔叔的爵位，统统贬为平民。

姚广孝建议朱棣赶快召集人马，充实力量。朱棣住的府邸是元宫旧址，非常深邃，姚广孝就把练兵的地点安排在后苑，让人挖了一个很大的地下室，四周摆满大缸，又在地下室的上面养了很多鹅和鸭。

练兵进行得很顺利，没过多久，朱棣就拥有了一支足以和朝廷抗衡的军队。然而，十几万人的军队，衣食粮草要从四方筹措，作战计划、行军路线和情报收集等事务，也尚未稳妥。于是朱棣开始装病来拖延时间，后来索性就装起疯来。当一切就绪，朱棣宣称："朝无正臣，内有奸恶，则亲王训兵待命，天子密诏诸王统领镇兵讨平之。"他以祖训为根据，打着"靖难"的旗号，率领大军浩浩荡荡地向南方的都城进发。

不久，朱棣包围了京城，大臣们纷纷劝朱允炆弃城逃走，镇守金川门的朱穗和李景隆更是直接打开了城门。

靖难之役后，朱棣的军队全部投入南方战争，而此时，蒙古军队一路南下，势如破竹。蒙古大军南侵，促使朱棣做了一个惊人的决定："迁都北平。"明成祖永乐十九年（公元1421年），北平城修建竣工。北平城建造了专门的水利系统，紫禁城堪称杰作。

明成祖永乐二十二年（公元1424年），朱棣第五次亲征蒙古，死在回师途中。永乐帝留下的遗产不仅有"包括宇宙之广大，统汇古今之异同"的《永乐大典》，还有一条北方边境的漫长防线、一个复杂的文官机构和军事组织，以及一个宏伟的北京城。

❧ 航海史上的奇迹 ❧

永乐三年（公元1405年）六月十五日，素有"天下第一港"之称的江苏太仓刘家港码头沸腾了。港口四面桅樯如林，人头攒动，锣鼓震天。在一艘昂首翘尾的棕黑色宝船上，一个人静静地凝视着大海，他的目光里透着坚毅和豁达，这个人就是郑和。

明太祖洪武四年（公元1371年），郑和出生在云南一个伊斯兰教家庭，他有一个小名，叫"三保"。

云南战乱时，郑和被明军俘获。因为他"博辩机敏，有智略，习兵法"，被选送到北平燕王朱棣的府邸，深得燕王喜爱。

后来在靖难之役中，郑和跟随燕王朱棣南征北战，立下了不少战功。

朱棣登上皇位后对郑和更加信任。

明成祖永乐二年（公元 1404 年），朱棣为表彰郑和的功绩，亲笔为他写了一个"郑"字，从此就有了"郑和"这个名字，史称"三宝太监"。朱棣对郑和委以重任，派他出使西洋，创造了世界航海史上的奇迹。

从明成祖永乐三年（公元 1405 年）至明宣宗宣德八年（公元 1433 年），郑和率领当时世界上最大、最先进的船队七下西洋。郑和的船队先后访问了印度洋、阿拉伯、东非各国，航程十万余里，最南到爪哇，最北到麦加，最西到非洲东海岸。

郑和带着他的百艘战舰及万名官兵，航行在茫茫的太平洋和印度洋上，来往于马六甲海峡。如此庞大的船队，足可以称霸沿海各国，但是，郑和下西洋施行互利双赢的和平交往政策，推动了当时中国的海外贸易和经济发展，促进了马六甲及东南亚地区长达百年的兴盛繁荣。

∽ 弘治中兴 ∽

明成化二十三年（公元 1487 年）九月初六，十八岁的朱祐樘正式登基，次年改年号为弘治，是为明孝宗。此时的朝堂在宪宗皇帝的纵容下，佞臣拉帮结派，关系十分复杂。一大堆麻烦摆在朱祐樘的面前，而他却没有丝毫畏惧。

朱祐樘登基即位仅十五天，以万安为首的内阁及六部尚书，集体奏请辞职。朱祐樘欲擒故纵，他接到奏疏后，将计就计，先是把这帮人好好地表扬一番，说他们个个都是国家的治世能臣，之后又看准时机，处理了万安、刘吉等人，成化一朝的腐朽内阁被整顿一新。

弘治初期的大明朝，文有王恕，武有马文升。经过一番彻头彻尾的整顿，官场吏治清明，军队士气高昂，在黑暗中沉浸多年的明朝，终于迎来了盛世气象。

除了"文武双刀"王恕和马文升,还有"三大支柱",他们是刘健、李东阳和谢迁。三人各有所长、相互配合,成就了一个盛世。

明孝宗弘治十八年(公元 1505 年)五月初七,操劳一生的明孝宗走到了生命尽头。在他的带领下,明朝进入了鼎盛时期,国库充盈,百姓安康。

战神戚继光

明朝著名抗倭将领戚继光出身于武将世家,他戎马一生,带领戚家军扫除倭患,平定祸乱,镇抚边疆。人们称其为"战神"。

戚继光祖辈是明代将领,他从小就勤练武艺,很早就有保家卫国的理想。

明世宗嘉靖初年,倭寇大肆劫掠江浙百姓。嘉靖三十二年(公元 1553 年),东南沿海一带倭寇越发猖狂,戚继光升任署都指挥佥事,被派回老家掌管山东的海上御倭事宜。江浙沿海倭患最为严重,胡宗宪刚刚接任浙江巡抚,戚继光就被调任浙江都司佥书,继而两人分别擢升浙直总督和宁绍台参将。

戚继光二十九岁这一年,打响了剿倭除寇的首战,龙山击敌八百。但是,他发现军队内部贪腐严重,于是上书提出练兵请求。胡宗宪立即调三千人给他,自此,有了使倭寇闻风丧胆的戚家军。

嘉靖三十六年(公元 1557 年),倭寇藏匿岑港一带,戚继光毛遂自荐,率众舍生忘死,奋勇冲杀。倭寇狼狈逃窜。此后,戚继光愈战愈勇,大小战役鲜有败绩。身经百战的戚继光被倭寇背地里叫作"戚老虎",东南沿海一下子太平了许多。

蒙古的鞑靼从来没有停止过对明朝的骚扰，戚继光又被任命为都督同知，总理蓟、昌、保定的练兵事务。戚继光丝毫不懈怠，积极练兵；修筑边墙；教授将领御敌方略，设立武学，培养将官；主持军事演习；著兵书；制轻战车，制火器。他的《纪效新书》《练兵实纪》等书堪称军事著作中的经典教材。

由于戚继光在政治上与首辅张居正交往甚密，因而在张居正病卒的次年，五十六岁的戚继光由京师降调外用，派往广东。由于兵科给事中张希皋的弹劾，戚继光被罢免总兵官之职，五十八岁的戚继光回到故乡蓬莱，两年后病逝。

知识拓展

李时珍与《本草纲目》

明朝的名医李时珍共经历了武宗、世宗、穆宗、神宗四个时期。明世宗嘉靖二十四年（公元 1545 年）时，李时珍二十七岁，蕲州连发大水，瘟疫肆虐。李时珍随父亲李言闻精心地为百姓治病，分文不取，留下了"千里就药于门，立活不取值"的千古美名。名声越传越远，每日来治病的人络绎不绝。李时珍明白，凭一己之力，不可能治愈全天下的百姓，且自己百年之后，一生所学是一笔巨大的财富，须留传后世再救苍生。

早在李时珍十年不出户，刻苦钻研医学典籍之时，他就发现本草著作里谬误百出，对医者和患者有很大的误导性，于是他立志重修本草，造福于民。

四十一岁时，李时珍经推荐进入太医院，一心钻研医药，经常出入御库房、寿药房，积累著书，因为他与迷恋求仙问道的皇室贵族志趣不相投，仅一年便托病辞职了。

李时珍在回家的路上还不忘向士兵、村妇、农商等路人调查药物，以增添前人未有之物。辞官回乡后，李时珍居家编纂《本草纲目》，医人治病自不用说，他还不辞辛苦外出访药，亲自采摘尝试、制作标本、解剖动物、绘制药物图。

历时二十七年，他终于完成了《本草纲目》的初稿，可谓集历代药物学之大成。

李时珍余生都在为《本草纲目》的出版发行奔波劳碌。可惜，李时珍直到病逝也未能见到刻印版的《本草纲目》，这是他一生最大的遗憾。

神宗怠政

早期的明神宗并不平庸。他在东北、西北、西南边疆几乎同时开展了军事行动：平定蒙古鞑靼哮拜叛乱；援朝抗日；平定西南杨应龙叛变。每一次军事行动，明神宗都对前线将领充分信任，而对于指挥失误的将领坚决撤换，显示了他的胆略。

明神宗是明朝诸帝中在位最久的，死时五十八岁。本来他不算老，然而却未老先衰，酒、色加鸦片，当政后期约有三十年不上朝。

明神宗万历四十三年（公元1615年），明神宗才因"梃击案事件"勉强到金銮殿上亮了一次相。那一年，一个名叫张差的男子闯入太子朱常洛所住的慈庆宫，被侍卫发现并逮捕。政府官员们对该案的看法分为两派：一派认为，张差精神不正常，这只是一起偶发案件；另一派认为，它涉及夺嫡的阴谋。明神宗最宠爱的郑贵妃生有一个儿子朱常洵，她企图让自己的儿子继承帝位，所以收买张差行凶。为了向官员们保证绝不更换太子，明神宗在龟缩了二十六年之后，走出他的寝宫。

这一次的朝会很有趣。明神宗亲临，是由从没有见过皇帝的宰相方从哲和吴道南率领文武百官恭候御驾。然后，明神宗开始向大臣们表示彼此关系的亲密以及对太子的信任，并询问诸大臣有何意见。

当时方从哲除了叩头，不敢说一句话，吴道南更不敢说话。两位内阁大人如此，其他臣僚自没有一人发言。御史刘光复大概是想打破这个僵局，于是开口启奏。可是，他一句话没说完，明神宗就大喝一声："拿下。"几个宦官立即把刘光复抓住痛打，然后摔下台阶，在鲜血淋漓的惨号声中，他被锦衣卫绑到了监狱。对这个变故，方从哲还可以支撑，吴道南则受惊过度，栽倒在地。

明神宗缩回他的深宫后，众人把吴道南扶出，他已被吓成了一个木偶，两耳变聋，双目全盲，几日之后方才渐渐恢复。这就是明神宗罢朝二十六年之后唯一的一次朝会，没谈国家大事，只有那声"拿下"，让大臣们胆战心惊。从此又是五年不再出现。五年后，明神宗去世。

魏忠贤之死

明熹宗天启七年（公元 1627 年）八月的一天，缠绵病榻已久的明熹宗朱由校拼尽全力说出"吾弟当为尧舜之君"。

朱由校死后，把一个烂摊子留给了他的弟弟朱由检。就在皇帝驾崩，并且传出旨意来传位于信王朱由检后，魏忠贤马上派心腹去迎接朱由检进宫。

八月二十四日，朱由检接受群臣朝拜，正式登基。登基前，朱由校原配张嫣走到他跟前低声耳语："勿食宫中食。"他听从了张嫣的劝诫。在登基之前，朱由检确定"崇祯"为自己的年号。

崇祯即位之后，把持朝政多年的大宦官魏忠贤就提出要告老还乡。他说先帝已经走了，自己年事已高，留在宫里也没什么用处。崇祯并没有批准，他告诉魏忠贤，是先帝要求自己必须倚重魏公公，自己初来乍到，还需要像魏公公这样的老臣辅佐自己。

当魏忠贤请示停止修建自己的生祠时，崇祯却说要把已经开工的修完。此时的崇祯确实不想和他作对，但魏忠贤不知道，这种暂时的顺从和倚重不过是个假象。

就在魏忠贤提出辞职后不久，他的对食客氏也上交了辞呈，没想到这一次皇帝居然批了。魏忠贤十分惊慌，不让自己走，却让自己的对食走了，这是什么意思？崇祯说是因为自己已经长大，不再需要奶妈了。

正在此时，国子监负责人朱之俊要弹劾学生陆万龄，这个陆万龄居然提出要在国子监里给魏忠贤立生祠。崇祯立马就批了，定罪下狱。魏忠贤慌了，还没等他反应过来，皇帝接下来的一系列举措让他更加晕头转向。

皇帝先是给太师宁国公魏良卿、少师安平伯魏鹏翼颁发了丹书铁券，也就是免死金牌。但是明朝的丹书铁券有个规定：什么罪都能免，只有一条罪是不能免的，那就是谋反。拿到了丹书铁券的魏忠贤一党还没来得及高兴，皇帝又下令遍赏群臣，这个所谓的群臣，其实就是魏忠贤一党，皇帝把魏忠贤的这些党羽赏了个遍。到了这个时候，魏忠贤算是彻底放心了，看起来皇帝并不想真的对付自己。

大臣们纷纷上疏奏事，把魏忠贤及其党羽的罪行统统说了一遍。他们把魏忠贤和历史上叛国谋逆的王莽、董卓相提并论。这些人的奏折一封比一封厉害，给魏忠贤扣上了不小的帽子，最大的一项帽子叫作谋逆。

崇祯一看，火候到了，可以动手了。听说这些奏折崇祯都看了，魏忠贤害怕了，他去找崇祯哭诉自己的忠心。崇祯没有被他的眼泪感动，而是冷冷地看着他，并且叫人把一个名叫钱嘉征的人写的奏折读给魏忠贤听。奏折写了魏忠贤的十大罪，魏忠贤听了，连胆都吓没了。眼见大势已去，魏忠贤自缢而死。

明朝落幕

明毅宗崇祯二年（公元 1629 年）十月，皇太极亲率十万大军绕道内蒙古，越过喜峰口攻入长城，兵分三路，进入河北一带，包围遵化。

大将袁崇焕连忙率军星夜兼程返回北京勤王救驾。彼时，后金军已攻陷多处隘口，准备进攻通州，但袁崇焕竟然抢在后金军之前返回通州，准备守城战。

皇太极见山海关的通路被明军封锁，无奈只得放弃通州，向西进攻北京。眼看兵凶战危，袁崇焕竟然忘记了"非禁卫军不得入京畿"的明朝祖制，率九千骑兵直抵广渠门外并在此扎营。

大战一天，袁崇焕暂时击退了后金军。后金军退至京郊一带，肆意烧杀抢掠，企图激怒袁崇焕孤军深入。不料袁崇焕对此不予理睬。

数日之后，后金军又卷土重来，在左安门一带展开攻击。在袁崇焕的抵抗下无功而返。袁崇焕组织的几次战斗，给明王朝赢得了喘息时间。各地勤王保驾的军队纷纷赶到，在数量上对后金军形成了优势。皇太极见势不妙，便决定将袁崇焕先行除掉，为此他假意做出退兵议和的姿态，暗中却定下了一条毒辣的"反间计"。

皇太极指使后金军官讨论关于袁崇焕通敌卖国的虚假消息，又故意让被俘获的太监听到，并假意疏忽让其逃跑。太监将这些虚假消息带给崇祯帝，崇祯帝刚愎自用，对此深信不疑。

十二月初一，崇祯帝声称要商议军饷筹集之法，将袁崇焕等人召至宫中。全无防备的袁崇焕一进宫，便被锦衣卫拿下。崇祯帝严厉斥责袁崇焕，历数他种种"罪恶"，并将他投入锦衣卫大牢。

失去了袁崇焕的指挥，明军明显没有了战斗力，后金军突破明军防线，攻到北京城下。明王朝危在旦夕，袁崇焕将个人境遇置之度外，给另一位将领祖大寿手书一封，请他以国家大局为重，回兵与后金作战。祖大寿得此书信，深为感动，回兵京师，重新击退了后金军。皇太极无奈，只好撤军。北京保卫战算是以明军的胜利告终。

祖大寿因战功被崇祯帝大加封赏，崇祯帝认为大明朝人才济济，没有袁崇焕，一样可以平定天下。

明毅宗崇祯三年（公元 1630 年）八月十六日，中秋节刚过，崇祯皇帝先是在乾清宫暖阁召见辅臣成基命等，而后又在平台召见文武大臣，宣布了袁崇焕的九大罪状，并迫不及待地命令刑部侍郎涂国鼎前去西市监斩。

当日午时，袁崇焕被押赴北京西市以惨无人道的"磔刑"处死，时年四十六岁。袁崇焕文官出身，半路出家任武职，却令骁勇多智的努尔哈赤和皇太极两代英雄在他手下铩羽而归，让人折服。

袁崇焕一死，明朝亡国已经不可逆转。崇祯虽然认定"朕非亡国之君，臣皆误国之臣"，但他的行为却是自毁长城，令忠臣寒心。即使他连发"罪己诏"，也避免不了众叛亲离的下场。

明毅宗崇祯十七年（公元 1644 年）正月，李自成攻陷西安，改名西京，建立大顺政权，随即亲率百万大军东征，目标便是北京。

　　崇祯帝急忙组织各地明军前去抵抗，但大多一触即溃，各地官吏更是纷纷开城投降。李自成几乎没有遇到什么抵抗，到三月中旬进抵北京城下。崇祯帝急得跳脚大骂，但大臣们各怀鬼胎，低头不语。

　　明王朝日薄西山，率先打开外城广宁门投降的是崇祯帝的宠臣——宦官曹化淳。第二天，宦官王相尧，兵部尚书张缙彦、朱纯臣等人也纷纷打开自己把守的内城城门。大顺军不费一兵一卒，顺利占领了北京城。真正成为孤家寡人的崇祯帝，自缢于煤山。

清朝卷
从康乾盛世到软弱无能

统一女真

古勒城一战，努尔哈赤的祖父觉昌安和努尔哈赤的父亲塔克世被明朝的军队误杀，努尔哈赤便向明朝廷索赔。

明朝廷给出了一个兼顾双方的赔偿结果："归还遗体，三十道敕书，三十匹马。"在明代，敕书是明朝政府发给女真各部酋长的一种换信。女真各部酋长只有凭敕书，才可以到马市进行商品交换活动。赔给努尔哈赤三十道敕书，无异于给其部落一个以辽东特产换钱，从而壮大的机会。

努尔哈赤凭着手里的三十匹马和一个龙虎将军的虚衔，外加父亲塔克世留下的十三副铠甲，便将报复的目标锁定在炸开古勒城门的女真族图伦城城主尼堪外兰身上。明神宗万历十一年（公元1583年）四月三十日晚，努尔哈赤联合沾河寨主常书等百余人，加上自己的三十多人，趁着夜色向图伦城发起进攻，次日清晨，便已将图伦城围了个水泄不通。一番血战之后，图伦城守兵弃械投降。此役，努尔哈赤"得甲三十副，兵百人以归"，取得了起兵之后的第一大捷。

努尔哈赤攻占图伦城之后，尼堪外兰便如丧家之犬，四处奔波逃命。他先是跑到了嘉班，结果舒尔哈齐紧跟着尼堪外兰追击到嘉班，无奈的尼堪外兰又跑到鹅尔浑，靠着明军的保护才勉强过了几年安稳日子。

后来，努尔哈赤的大军攻破了鹅尔浑城。尼堪外兰从乱军中逃跑，逃到明军大营，请求守将裴松给予庇护。努尔哈赤让人传信，请裴松将仇人尼堪外兰送出来。裴松派人给努尔哈赤送去口信："尼堪外兰既入中国，岂有送出之理，尔可自来杀之。"

于是，努尔哈赤派部将斋萨率四十多人前往一探虚实。待他们走后，裴松对尼堪外兰说："我已经让努尔哈赤撤军了，鹅尔浑城还是你的。"尼堪外兰信以为真，他刚走出城门外，便被斋萨结果了性命。努尔哈赤在赫图阿拉城中将尼堪外兰的尸体剖腹挖心，祭奠祖父和父亲。

努尔哈赤由近及远，恩威并施，统一了建州女真，他的铁骑又踏上了另一片黑土地——海西女真部落。海西女真别称扈伦四部，包括叶赫部、哈达部、辉发部、乌拉部。这是四块难啃的硬骨头，尤以叶赫女真部为最。

明神宗万历十九年（公元1591年），海西女真叶赫部和哈达部、辉发部公然联合起来，挑战努尔哈赤，要求努尔哈赤割地，不然，海西大军就要血洗建州。努尔哈赤大怒，随即修书一封，措辞强硬，命使者交到海西女真部落首领手中。

明神宗万历二十一年（公元1593年）九月，扈伦四部加上长白山所属朱舍里、讷殷两部及蒙古科尔沁、锡伯、瓜尔佳三部，三万兵力组成九部联军，兵分三路向建州发起进攻。

九部联军来势汹汹，在浑河北岸扎下大营，便向扎喀关、古勒山一带推进。

临时集合起来的联军各自为政，缺少统一的战前部署与作战计划，像是一堆散沙。建州兵虽少，但优势在于一心。结果，努尔哈赤以少胜多，歼敌四千多人，获战马三千匹。此战之后，努尔哈赤"军威大震，远迩慑服"。

自明万历十一年（公元1583年）至明万历四十五年（公元1617年），

努尔哈赤用了三十多年时间，将建州女真、海西女真和野人女真的大部分统一到自己麾下，在辽东地区建立起了后金政权。

努尔哈赤创建了后金耕战合一的社会组织：黄、白、红、蓝四旗。后来又增设镶黄、镶白、镶红、镶蓝四旗，合为八旗，正式建立了八旗制度。八旗中最具特色的是兵民合一制度，平时耕猎为民，战时披甲为兵，每个八旗平民都有出征厮杀的义务。这就建立起一支拥有精兵数万的军队——八旗劲旅。

经过几个世纪的颠沛，女真文已残缺不全，这给政令传达造成了诸多不便。努尔哈赤命额尔德尼和噶盖两位大臣借鉴蒙古文字与女真语音重组了文字系统，作为后金的统一文字。

宣战大明王朝

明神宗万历四十六年（公元 1618 年）二月，努尔哈赤提出："朕与大明国成衅，有七大恼恨，此外小忿难枚举矣。今欲征大明。"这就是后人所称的"七大恨"。

天命初年，辽东地区洪水泛滥，饿殍遍野，百姓苦不堪言。突如其来的严重天灾，让后金政权内部矛盾变得突出和激烈。为了能"师出有名"，努尔哈赤决定采用战争掠夺的方式，来缓解政权内部的危机。后金与大明之间的战争一触即发。

抚顺城易守难攻，努尔哈赤没有硬碰硬，他先用五千兵马佯攻马根单，分散明军注意力，随后率主力部队一万五千人对抚顺发动突然袭击。

范文程给抚顺守将李永芳写了一封劝降信，差使者送入城中。收到信的李永芳一时却拿不定主意。

努尔哈赤随即派先遣队假扮成商人混进城中，诱使城内的商人和军

民出城交易。城门大开之时，八旗主力突然攻入城内。李永芳别无选择，只能宣布向后金投降。佯攻马根单的兵马也化虚为实，连克东州、马根单等城寨。

四月二十一日，明辽东总兵张承胤急率万人大军分三路追击后金军，结果在努尔哈赤之子代善和皇太极的围攻下大败而归。后金乘胜追击，仅用了三个多月时间，便接连攻下花豹冲堡、抚安堡、三岔、鸦鹘关、清河等地。九月二十五日，后金军攻克会安堡，大肆屠杀，抚顺三百民众惨死。

失败的消息传到京师，朝野震惊。万历皇帝惊恐万分，决定出兵讨伐努尔哈赤。明军出动十一万大军和三百门大型火炮，兵分四路，向后金进发。明军原计划于明神宗万历四十七年（公元1619年）二月二十一日出兵辽东，但是自十六日起，辽东普降大雪，明军出兵日期只能被迫推迟。

知己知彼，百战不殆。努尔哈赤让治下的汉族人充当间谍，把明军的作战意图、进军路线、兵力部署等情况摸得一清二楚。

战端未开，明军已陷入了被动局面。大战自三月二日正式打响，三月五日结束，不到五天时间，明军四万多名士卒战死，三百多名文武官吏魂归西天，马、骡等牲畜损失近三万匹；而后金军仅有两千多人伤亡。

❧ 皇太极登基 ❧

努尔哈赤共有十六个儿子，由谁来继承汗位，努尔哈赤一直没有说。

后金建国前，努尔哈赤曾想令长子褚英接班，但褚英却于明神宗万历四十三年（公元1615年）病逝。后来他又有意让次子代善嗣位，但无果而终。直到明熹宗天启元年（公元1621年）正月十二日，努尔哈赤与儿子代善、皇太极等对天焚香发誓，让子孙互相辅佐，勿开杀戒。

努尔哈赤没有留下由谁来继承汗位的遗言。在努尔哈赤临死前的四天里，身边只有阿巴亥奉命服侍。因为担心努尔哈赤会授意于她，皇太极等人便伪造太祖遗诏逼迫阿巴亥殉葬。

皇太极登上了后金最高的宝座，他采取一系列改革措施与军事行动，后金政权趋于稳定。

恰在此际，多尔衮献上"传国玉玺"，皇太极认为这是"天赐至宝，一统万年之瑞气也"。于是，皇太极正式祭告天地，受"宽温仁圣皇帝"尊号，把后金改为大清，改元崇德。

❧ 康熙捉鳌拜 ❧

清兵入关后的第一位皇帝顺治驾崩，年幼的康熙即位。时光流转，渐渐长大的康熙对辅政大臣鳌拜的专横跋扈已是忍无可忍，他决心脱离傀儡的角色。然而，整天跟在皇帝身边的侍卫们，有的对鳌拜十分惧怕，有的对鳌拜崇拜得无以复加。

康熙只能另起炉灶，训练一支值得信任、效忠自己的禁卫队。于是，近臣索尼让自己的儿子索额图统领一批精挑细选的少年，每天在宫中练习布库。

抓蝈蝈、捉迷藏，康熙以玩乐的行径麻痹了鳌拜。有兴致的时候，身为满族第一"巴图鲁"的鳌拜，还会亲自示范，指点康熙的侍卫们。鳌拜以为康熙年幼无知，天性好玩，便没存什么提防之心。

清圣祖康熙八年（公元 1669 年）六月十四日，康熙与索额图设下计谋，打算趁鳌拜放松警惕之时，用摔跤的游戏将他拿下。目中无人的鳌拜接到传他入宫的圣谕，像往常一样只身入宫。事先埋伏在暗处的少年群起而攻之，鳌拜当年冲锋陷阵，横扫千军如入无人之境，哪里会把这几个少年放在心上。武功精湛的少年们一拥而上，将鳌拜掀翻在地，用一根绳索灭了他的气焰。

将鳌拜收押之后，康熙没有掉以轻心，他以迅雷不及掩耳之势，逮捕了所有鳌拜的私党，将这个盘根错节的势力一举歼灭。

清圣祖康熙十四年（公元1675年），三藩作乱，蒙古察哈尔部布尔尼乘机叛乱，严重威胁京师安全。关键时刻，孝庄太皇太后全力支持康熙平乱，使局势转危为安。在祖孙二人的携手努力下，清王朝的政局从动乱走向稳定，经济从萧条走向繁荣。

知识拓展

文字狱

浙江海宁的查氏家族，明清两代都有大量子弟金榜题名，名儒显贵层出不穷。康熙曾经称之为"唐宋以来巨族，江南有数人家"。

然而这样一个巨族，在雍正初年却因为一桩"文字狱"几乎家破人亡，这就是著名的"查嗣庭科场试题案"。

清世宗雍正四年（公元1726年）秋天，查嗣庭出任江西乡试正考官，按照科举制度的规定，乡试分为三场，因此共有三道题目，均由正考官拟定，范围则为四书五经中的语句。

乡试顺利结束之后，查嗣庭回到北京。当晚，就有一队全副武装的兵卒手持灯球火把、亮子油松，砸开了查府大门。

天使官展开手中圣旨高声朗读。原来雍正皇帝下旨，称有人告发

查嗣庭平素有对朝廷不敬的言语，因此要查抄查府，并将查嗣庭全家一十三口统统逮捕。

查嗣庭被捕三天以后，雍正皇帝下旨宣布了查嗣庭的罪状。在这道谕旨中，雍正对江西乡试的几道题目大加批判。原来，在此事之前被处理的浙江士人汪景祺曾著《历代年号论》一书，认为"正"字乃是由"一"和"止"字构成，含义不吉，因此历代年号凡带"正"字的都很糟糕，这让雍正极其不满。而查嗣庭这次所出的次题带有"正"字和"止"字，按照雍正的逻辑，都是在绕着弯儿骂自己。雍正将查嗣庭"革职拿问，交三法司严审"，随即又命浙江地方官搜查其海宁老家，并将其所有家人一律逮捕，解送北京。

从浙江地方官员查抄查府的记录得知，查家并无什么违禁书籍。而雍正却称其中有关于科举作弊的违禁物品，于是更加坐实了查嗣庭的罪状，并且迁怒于浙江士子。雍正下令不允许浙江士子参加科举考试，这一禁令，三年后才解除。

查嗣庭自知绝无生还可能，便在监狱中服毒自尽。查嗣庭的死给查氏族人带来了更大的灾难，他的几个儿子或瘐死狱中，或被判斩监候；未成年的子女被处流放，罚为奴婢，所有财产被罚没充公。

消息传到海宁，查嗣庭的继室史氏和儿媳浦氏相约自杀。查嗣庭的二哥查嗣瑮被流放关西，最终客死异乡。大哥查嗣琏由于年事已高，在群臣的请求下被释放回乡，他的几个儿子也因此未被追究。

经此一案，查嗣琏改名为慎行，改字为悔余。江南士林经此一案，更加俯首帖耳，不敢对朝局妄加议论，而学界也因此更加拘束。

❧ 清朝的密折制度 ❧

王云锦，是清圣祖康熙四十五年（公元 1706 年）的状元，到雍正朝时已经年纪很大了。某天他在家中无所事事，便呼朋唤友来家中打牌。开始的时候一切正常，谁知打了几圈之后却少了一张牌，众人到处找也找不到。缺了牌，自然是玩儿不成了。王云锦无奈，便收拾牌局，摆起酒席，和朋友们猜拳行令，喝酒取乐。

第二天，王云锦递牌子见雍正帝的时候，雍正帝很随意地问他前一天都做什么了，王云锦便把打牌未能尽兴，而后饮宴的情形说了一遍。

雍正闻听此言并无不实之处，便笑眯眯地从袖筒里抽出一张牌递给王云锦道：“你丢的是这张牌吗? 拿回家去接着玩儿吧。”王云锦接过来一看，不禁惊出一身冷汗，这正是昨天没找到的那张牌。雍正每天坐在宫中批阅题本和奏折，他是如何做到足不出户，而能对臣下情况了若指掌的呢? 答案就在清代特有的密折制度中。

所谓密折，即秘密奏折。首先，从形式上讲，它是将要汇报的事情写在白纸上然后折叠，并加上封套或是匣子，只有皇帝和当事人才有权拆封，这样就有效地避免了泄密；密折并不通过内阁转交，而是由奏事人直接呈送皇帝御览，待皇帝批复之后——顺便一提，皇帝的批复用红笔写就，称为“朱批”——再直接发还给奏事人，这样就杜绝了内阁在其间上下其手、瞒天过海的可能性。

密折的内容无所不包，从军事、政治、经济，到老百姓的街谈巷议，都可以写进密折。密折制度在顺治年间产生，但极少使用。到康熙时期才开始普及，“密折”一词也始于此时。密折制度全面推行和强化是在雍正登基之后。乾隆即位后，就出现了要求废除密折制度的呼声。

《四库全书》与纪晓岚

乾隆执政时期，经济繁荣，国力强盛。在文化成就方面，不得不提到《四库全书》和"才子"纪晓岚。

乾隆甲戌殿试以后，纪晓岚因为学问出众，被授为翰林院庶吉士。乾隆二十八年（公元1763年）仲春，不惑之年的纪晓岚又被任命为福建省提督学政。

纪晓岚一生的成就，主要体现在主持科举和领导编修两事上。乾隆时期，纪晓岚共担任过八次主考官，为朝廷选出了众多优秀的人才。

一心想超越历代帝王的乾隆，不仅在武功上有所建树，文治自然也要做到前无古人，因此他决定官修一部规模庞大的《四库全书》，以丛书的形式将所有图书收在其中。乾隆三十八年（公元1773年），四库全书馆成立，纪晓岚的座师刘统勋推举其为总纂官，乾隆批准。

主持编纂《四库全书》是一项十分繁杂的工作，可谓"前无古人，后无来者"，经过十年的编纂，《四库全书》终于陆续完成，纪晓岚为此付出了大量心血。

知识拓展

大贪官和珅

大贪官和珅在乾隆朝十分得宠。大臣孙士毅出使越南返回北京，准备进宫向乾隆交旨，途中碰到了和珅。和珅看到孙士毅手中拿着一只鼻烟壶，这只鼻烟壶是用鸟蛋大小的明珠雕成的，极其精致。和珅把玩良久，便向孙士毅讨要。可是这件宝贝是越南送给乾隆的贡品，孙士毅无奈回绝。和珅微微一笑，并未多说什么。数日以后，孙士毅又遇和珅，和珅一见孙士毅就叫他过去，说自己也弄到一件珍珠鼻烟壶，请孙士毅赏玩。孙士毅一看，这不就是进贡给皇上那件吗？后来他才辗转得知，和珅进出宫不受阻拦，见到自己喜欢的东西直接拿走即可，甚至不需要告诉乾隆。

和珅还利用手中的权力培植党羽，扶植亲信，编织自己的势力网。凡是与和珅作对的人，会受到他的百般刁难和打击，而乾隆皇帝对和珅格外宠信，因此根本没有人能够撼动和珅的地位。

清仁宗嘉庆四年（公元 1799 年），乾隆皇帝以八十九岁高龄去世，在乾隆皇帝驾崩仅仅十余天后，四十九岁的和珅就被嘉庆皇帝赐白绫自尽。和珅的倒台和他的发迹一样迅速。

和珅的家产到底有多少？这个数字恐怕连和珅自己也说不清楚。和珅被抄家时的财产清单上，有价可估的财产有两亿三千万两，未能估价者更是数不胜数。

鸦片战争

中国与西方一直有着正常的贸易往来，但大多是中国输出商品到西方去。眼见金银货币不断流入中国，英国政府和商人为了利益，选择了向中国贩卖鸦片。

乾隆初年，英国商人第一次向中国输入鸦片，尝到了甜头，鸦片运到中国后售价立即翻了六倍还多。鸦片贸易造成中国大量的现银外流，吸食地区也从"海滨近地"扩大到十数省。

道光年间，中国因鸦片贸易造成的白银外流每年至少达到一千万两，接近清政府每年总收入的四分之一。白银大量外流使得银价上涨，百姓负担加重，各省拖欠赋税日益增多。因为吸食鸦片，几百万中国人的身体和精神都深受毒害，中国的社会经济遭受了重大的破坏。

林则徐三次上书，力陈鸦片之害，得到了道光皇帝的肯定。林则徐奉命禁烟，历时二十三天，在虎门海滩以"海水浸化法"销烟，不留残余，二百多万斤鸦片全部被销毁。

虎门销烟之后，英国商船聚在香港九龙尖沙咀一带海面寻找商机。1839 年 9 月 5 日，英国军舰向负责封锁的中国船舰开火。英国议会正式通过发动战争的议案，调集大量英国军舰云集珠江口，准备开战。

对于英国的这种嚣张行为，林则徐毫不示弱，派十艘火船主动出击，击毁十一艘英国军舰。鸦片战争自此揭开了序幕。不久，英国侵略者便袭取了定海，道光皇帝动摇了当初的禁烟和抵抗政策，投降妥协。

1840 年 8 月 4 日，英军直逼南京，清军节节败退，朝野上下人心惶惶。这时，英军舰队在南京江面上架起大炮，宣称要开炮攻城。清政府已经完全被侵略者的淫威吓倒了，赶紧派人到南京议和。

1842 年 8 月 19 日，这一天称得上是近代中国史上的第一个国耻日。清政府代表耆英、伊里布在这一天登上英国军舰"汗华丽号"，在英国殖民者的枪炮和旗帜下，与英国全权代表璞鼎查正式签订了丧权辱国的不平等条约——《南京条约》。

《南京条约》让西方列强闻到了肥肉的醇香，美国和法国相继以武力威胁清政府签订了《望厦条约》和《黄埔条约》，紧接着，葡萄牙、普鲁士、比利时、西班牙、荷兰、挪威、瑞典、丹麦等国也纷纷效仿。

"太平天国"

清政府签订了《南京条约》，需要支付巨额战争赔款，然而国库空虚，无钱可赔。因此清政府加紧搜刮人民，剥削百姓，加大税负。

屋漏又逢连夜雨，1846年至1850年，两广地区水、旱、虫灾不断，广大劳动人民陷入饥饿和死亡的困境。

洪秀全等一干人号召农民拿起武器，在金田村举行誓师起义。起义后，全军废止清朝的剃发制度，蓄留长发，红布包头，表示和清朝统治彻底决裂。洪秀全建国号为太平天国，称自己的起义军为太平军。

1851年9月23日，太平军浩浩荡荡地攻抵永安城，黎明时分，太平军的旗帜便插在了永安城头。进城以后，太平军抄了许多富豪劣绅的家，把抄家所得的钱财全部归入"圣库"，以资军用。

1853年3月，太平军攻克了南京，并将南京改为天京，太平天国在此定都。为了尽快推翻清王朝的统治，取得全国性的胜利，洪秀全做出了北伐的决定，从扬州出发，以攻打北京为战略目标。

由于太平军的盲目自信，又太过轻敌，且不善于采取灵活机动的方式与清军作战，所以这次北伐远征，最终遭遇了全军覆没的惨败。太平天国由盛转衰，进而在中外势力的联合绞杀下彻底失败。

火烧圆明园

1844年，中法《黄埔条约》签订。法国人侵入中国内地，大肆进行传教活动。1857年12月，英法联军六千人进攻广州，次日就攻进城内。

之后，英法联军在美、俄两国支持下继续北上，经过上海到达了大沽口外，攻击了大沽口外的炮台。

咸丰慌忙派出直隶总督谭廷襄等人赴天津同四国谈判。清政府分别与四国签订了《天津条约》。

1860年10月18日夜，一向静谧的北京西郊却颇不平静。圆明园一带火光冲天，烈焰飞腾，隐约传来无数太监、宫女的哭声。千余名英法联军的士兵一边四处纵火，一边将四处奔逃的太监、宫女推到熊熊燃烧的火中。大火足足燃烧了三天三夜。

清王朝历经一百五十余年、耗费两亿两白银打造的圆明园，在第二次鸦片战争中惨遭蹂躏。对于中华民族来说，圆明园的劫难，是一个难以抹去的历史之殇。

就在英法联军到处烧杀抢掠、无恶不作的时候，咸丰、慈禧和肃顺等人，连夜逃离京城，赶往承德。清政府的懦弱无能、荒淫无度，让国家陷入任人宰割的境地。

❧ 光绪帝"百日维新" ❧

中日甲午战争结束之后，清政府与日本再一次签署了丧权辱国的《马关条约》，西方列强纷纷对清帝国展开了疯狂的侵略。

1898年6月8日，康有为拟定《请明定国是疏》，由大学士徐致靖代为上奏，请求光绪帝正式开始变法。三天之后，光绪帝颁布了《明定国是诏》，变法运动开始。

为了切实执行变法的各项规章制度，光绪帝还重用了一批具有维新思想的官员。在大学士徐致靖的推荐下，谭嗣同也被召入宫中，全面负责新政之事。

　　慈禧看过康有为的文章，却并没见过这个人。她召见了李鸿章，希望从这位年高德劭的老中堂那里得到一些消息。李鸿章认为，康有为、梁启超等人都是典型的意气书生，他们虽有满腔热血，却只懂得空谈救国，没有任何政治谋略和斗争经验。

　　事情果然不出李鸿章的预料，很快，光绪皇帝和朝中大臣之间的矛盾就激化了。光绪帝认为是慈禧的专权让新政处处碰壁，写了两封手谕分别给军机四章京和康有为，向他们抱怨了新政推行之难，并说明自己在慈禧的控制下甚为不自由，要求他们几人速想办法。光绪帝又接连三天接见袁世凯，并加封其为兵部左侍郎。

　　9月19日夜，谭嗣同来到袁世凯下榻的法源寺，将"围园杀后"的计划原原本本地告诉了他。面对谭嗣同，袁世凯一口就答应调动新建陆军进京实行计划，并拍着胸脯保证道："杀荣禄，如杀一狗耳！"

　　然而，维新派的苦心终究化为了泡影，在谭嗣同夜见袁世凯的同一天清晨，慈禧忽然从颐和园返回紫禁城，直奔养心殿，控制了政局。而袁世凯的慷慨激昂只是做戏给谭嗣同看，第二天早上一回到天津，他就立刻向荣禄通报了事情的来龙去脉。于是，维新派的全部计划，就赤裸裸地呈现在了慈禧的面前。慈禧知道全部计划后，发出懿旨，以光绪帝生病，不能临朝视事为由，将光绪帝软禁于瀛台，并下诏抓捕康有为、梁启超等人。没过几日，谭嗣同、徐致靖、军机四章京、御史杨深秀以及康有为之弟康广仁悉数被捕，而康有为与梁启超事先已经离开了北京，从此流亡天涯。

　　这场持续一百余天，史称"百日维新"的运动就这样宣告失败了。七天后，慈禧下令将谭嗣同、林旭、杨深秀、刘光第、杨锐、康广仁等维新派人士处死，这就是历史上的"戊戌六君子"。

　　戊戌变法失败后，统治阶级内部斗争更趋激烈，清朝错过了最后一次选择发展道路的机会。

∽ 封建王朝的落幕 ∽

1911年，清廷颁布了"铁路国有"法案，宣布将此前商办的所有铁道收归国有，这激起了民众的不满。四川很快成立了"保路同志会"，进行了抗议活动。清政府为了镇压保路风潮，派遣原本驻扎在武昌的渝汉铁路督办、钦差大臣端方率兵入川。这样一来，湖北的清军力量被削弱。

在同盟会的协调下，两湖地区的革命团体文学社和共进会，准备于中秋节在武昌和长沙举行起义。然而，就在会议召开的当天，新军八镇炮兵三营的几个士兵与执勤排长发生了争执，事情越闹越大，进而发生了哗变，直到有军队前来镇压才平息。因为这一事件，湖广总督瑞澂担心革命党人趁机作乱，宣布中秋节不放假，全城戒严，新军官兵一律禁足，不得外出，致使这次革命党人的起义计划未能实行。

10月10日晚上，武昌北门外，士兵李鹏升首先点燃了草料库，举火为号，新军士兵纷纷响应，各自向楚望台军械库进发。经过一夜激战，起义的新军士兵占领了武昌城。汉口、汉阳闻风而动，发动起义。10月12日，武汉三镇全部为起义军所控制。起义士兵迅速成立了中华民国军政府鄂军都督府，改国号为中华民国，一个新的政权成立了。

惊慌不已的清政府连忙调集北洋陆军前往镇压，双方在汉口和汉阳展开了激烈的争夺，战斗持续了四十一天。虽然最终汉口和汉阳重新被清军夺回，但在这四十一天中，湖南、广东等十五个省份纷纷通电起义，宣布拥护共和。

1911年11月1日，"皇族内阁"解散。1912年2月12日，隆裕皇太后宣布宣统退位，清朝的统治走到了历史尽头。